好读的
贸易经济学：
国际贸易理论与政策趣谈

竹俊——著

西南财经大学出版社
四川·成都

图书在版编目(CIP)数据

好读的贸易经济学:国际贸易理论与政策趣谈/竹俊著.—成都:西南财经大学出版社,2021.10
ISBN 978-7-5504-5073-8

Ⅰ.①好… Ⅱ.①竹… Ⅲ.①国际贸易 Ⅳ.①F744

中国版本图书馆 CIP 数据核字(2021)第 195799 号

好读的贸易经济学:国际贸易理论与政策趣谈

HAODU DE MAOYI JINGJIXUE:GUOJI MAOYI LILUN YU ZHENGCE QUTAN

竹 俊 著

总 策 划:李玉斗
策划编辑:何春梅
责任编辑:李 才
助理编辑:吴 强
装帧设计:冯单单
责任印制:朱曼丽

出版发行	西南财经大学出版社(四川省成都市光华村街 55 号)
网　　址	http://cbs.swufe.edu.cn
电子邮件	bookcj@swufe.edu.cn
邮政编码	610074
电　　话	028-87353785
照　　排	四川胜翔数码印务设计有限公司
印　　刷	四川新财印务有限公司
成品尺寸	170mm×240mm
印　　张	15
字　　数	223 千字
版　　次	2021 年 10 月第 1 版
印　　次	2021 年 10 月第 1 次印刷
书　　号	ISBN 978-7-5504-5073-8
定　　价	58.00 元

·前言·

贸易是一项非常古老的经济活动。随着近几十年来经济全球化的飞速发展，国际贸易已经渗透到我们日常生活的方方面面，中美贸易摩擦更是引起全球的关注。我们该如何认识纷繁复杂的国际贸易现象呢？很早以前就有学者对此进行思考和研究，寻找其中的规律，并建立起相应的理论来解释国际贸易现象。这些理论往往是从身边的现象入手，寻找现象之间的内在逻辑，再推广到整个国家和全世界。

人类之所以进步，一个重要的原因是我们不断进行知识的积累，不断在前人研究的基础上思考和探索，正所谓“站在伟人的肩膀上能看得更远”。这不是学者的专利，普通人通过了解前人的思想也能开阔视野，促进自身发展。但是大部分理论著作过于艰深晦涩，一般人难以接受，特别是经济学类的专业著作，大量使用高等数学工具，没有经过专业训练的人很难看得懂。在我多年的教学实践中，很多非国际贸易专业的学生反映现有的国际贸易理论教材太难懂，部分国际贸易专业的学生也希望能有一本侧重国际贸易思想阐释、更紧密结合生活实际的读物。2019 年正是中美贸易摩擦激烈的时候，这也刺激了我的写作欲望，刚好我又申请到重庆市社科规划项目的支持，于是就写了这本书。把艰深的贸易理论讲得通俗易懂，让更多的人能够享受人类贸易思想发展的成果，是本书创作的初衷。

本书并没有以历史人物的活动为主线展开故事，因为写作的目的是介绍国际贸易理论思想，而不是介绍国际贸易发展历史。但是在了解国际贸易理论思想的产生和发展时，我们也需要结合当时的时代背景来加深理解。因此，本书根据历史背景对国际贸易理论进行加工，并采用辩论、专访、庭审等虚拟场景，更生动地展示国际贸易理论的思想内核以及各派思想的交锋。

在叙事上，本书采用学生课程学习的方式对各个主题进行串联和展示，因为每个人都当过学生，对学习的场景比较熟悉，这种叙事方式应该更便于大家接受。

在阐释理论思想的过程中，本书特别注意紧密结合现实。一方面，本书抓住当前的热点问题，比如中美贸易摩擦、逆全球化、逆向外包等现象，运用相关理论思想对这些现象进行剖析，帮助大家认清问题的实质；另一方面，本书尽量将理论思想与现实生活和工作结合，探讨这些理论思想对我们有什么启发。

本书内容共分为 11 章，内在逻辑上是逐步递进的。第 1 章通过对国际贸易历史的追溯，介绍相关基本概念和国际贸易发展的简要历程，为后面的理论展开提供基础知识。第 2 章介绍人类历史上第一个系统研究国际贸易的理论——重商主义，分析其产生的背景、内在逻辑和理论演变，通过与重农学派等自由贸易思想的交锋，分析其历史作用和现实意义。

第 3 至第 7 章介绍自由贸易思想的演变，揭示自由贸易思想如何随经济社会发展不断拓展和深化。第 3 章依据《道德情操论》和《国富论》，展示亚当 • 斯密如何从人性出发分析分工和自由贸易的作用，介绍他对重商主义的批判，并用亚当 • 斯密的方法分析中国的对外开放政策。第 4 章介绍比较优势原理的相关概念，比较优势与绝对优势的关系、常见误解，以及比较优势原理的适用性和启示。第 5 章介绍资源禀赋原理的概念、内在逻辑以及其与比较优势原理的关系，并分析中国资源禀赋状况。第 6 章讨论贸易与发展问题，介绍比较优势的动态变化与经济发展的关系，并结合现实案例分析比较优势陷阱及其启示。第 7 章介绍国际分工深化及其原因，以及与之相关的全球供应链和价值链、跨国外包与逆向外包。

第 8 至第 10 章介绍国际贸易的收入分配效应及由此产生的与自由贸易相对的贸易保护思想及政策、国际贸易政策中的公平贸易原则，以及国际贸易政策形成机制。第 8 章介绍自由贸易与全球化带来的收入分配效应，并分析贸易保护的理由。第 9 章介绍公平贸易的起源、含义、在国际贸易规则中的体现和当前关于公平贸易主张的分歧。第 10 章介绍国际贸易政策的形成机制，并进一步分析美国对外贸易政策、美国发动贸易战的原因及变化趋势。

第 11 章是对全书内容的总结。竞争与合作是国际贸易活动的两大主题，贸易思想与贸易政策的演变都是围绕这两大主题进行的。

笔者在写作过程中参考了大量文献资料，本书并没有提出新的理论，只是将前人的思想以新的形式展示和应用，在此诚挚地对这些思想者致敬。因能力所限，本书难免还有很多不足之处，欢迎大家批评指正。

为增加本书的可读性，特邀请李懋老师设计了人物形象和漫画，何春梅女士对书名和体例安排提出了宝贵意见，在此诚挚地表示感谢。

竹俊

2021 年 4 月

本书主要角色

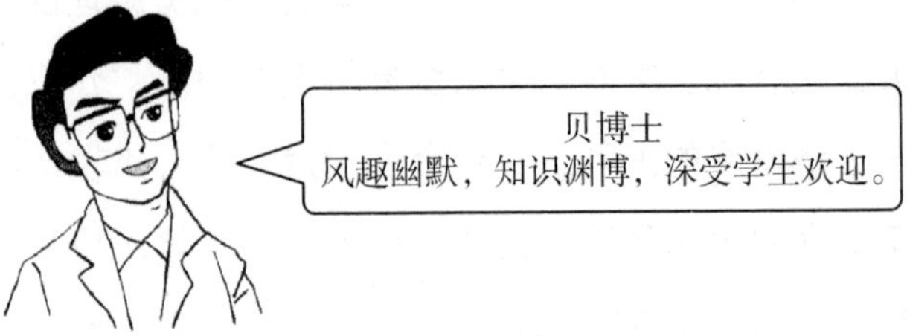
贝博士
风趣幽默，知识渊博，深受学生欢迎。

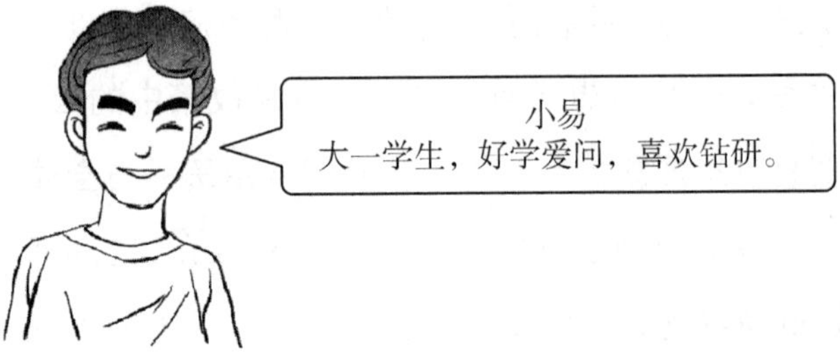
小易
大一学生，好学爱问，喜欢钻研。

舒心
大三学生，博览群书，思维缜密。

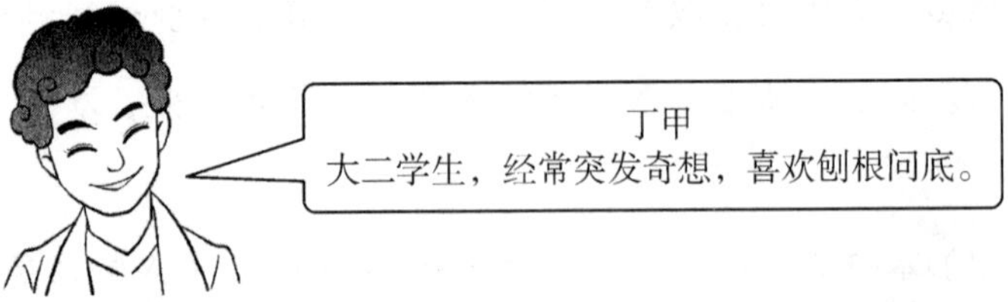
丁甲
大二学生，经常突发奇想，喜欢刨根问底。

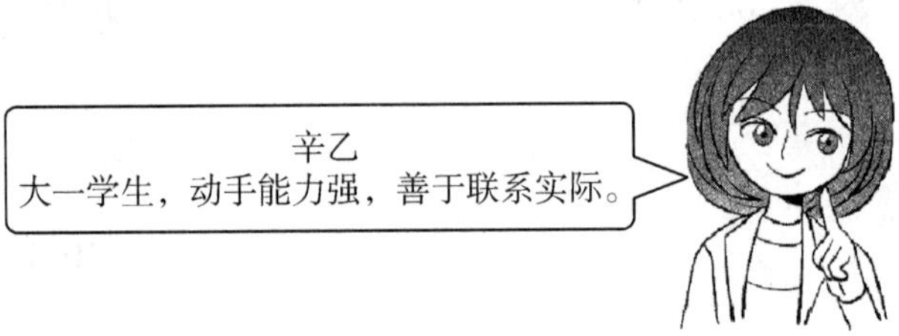
辛乙
大一学生，动手能力强，善于联系实际。

·目录·

1

追根溯源 国际贸易历史久

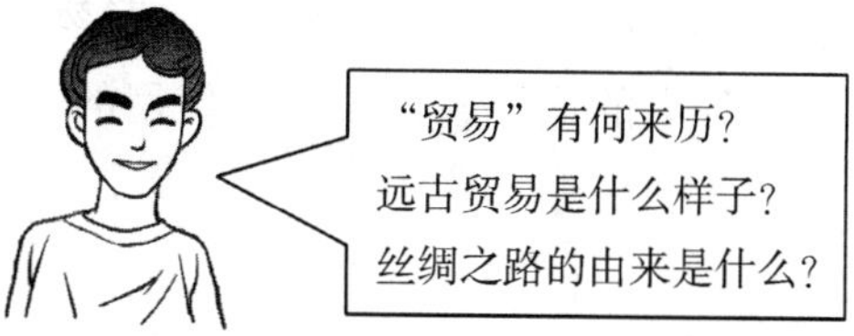

“国际贸易”　探源

吃完晚饭，奶奶让小易打开电视。小易知道奶奶每天都会看新闻联播和天气预报，这是她每天的必备项目。

小易打开电视，电视里正在播放新闻联播，主持人严肃地播报：“……人民日报社评《美国升级贸易战是霸凌主义对世界的挑衅》……”

“这段时间电视里面总是说什么‘贸易’‘国际贸易’，你这个大学生跟奶奶说说是什么意思？”奶奶七十多岁了，仍然很好学，好奇心很强，经常提出一些让人难以回答的问题。

小易好奇地问：“您以前没听说过‘贸易’这个词吗？”

“没有，过去没有这个词。”奶奶摇摇头。

“国际贸易就是跟外国人买卖东西啦。”虽然小易不是国际经济与贸易专业的学生，但是对国际贸易比较感兴趣，他这学期还选修了一门国际贸易课程。

“噢，原来是做买卖，做生意。”奶奶做恍然大悟状，“那你知道这个词从哪里来的吗？”

小易回答不上来了，决定明天请教一下国际贸易课老师贝博士。

第二天，小易来到学校，找时间向贝博士提出了奶奶的问题。贝博士说：“小易，这是一个很好的问题。其实‘国际贸易’这个词是外来词。汉语里面对应的词是‘买卖’，之所以我们没有使用大家更熟悉的‘买卖’，可能是因为‘贸易’这个词更洋气吧。‘国际’‘贸易’和组合起来的‘国际贸易’都是来自日本的词汇，由于日本使用的是汉字，我们就直接拿过来用了。”

“什么？来自日本？”小易惊讶了。

“对，近代日本在黑船事件后首先打开国门，向西方学习，这种学习是全方位的，除了军事、技术，还有政治、经济。在学习的过程中，日本翻译了大量的西方文献，当然也包括经济学的文献。在翻译中根据一些专有名词的含义，日本使用汉字或汉字组合进行对应，于是乎出现了‘国际’‘经济’‘贸易’‘金融’等一系列新造词汇。日本对汉字的理解还是比较深刻的，在翻译过程中能很好地使用汉字与西方词汇进行对应。比如‘贸’下方为‘贝’，是古代货币；上方为‘卯’，表示联结，合起来的意思就是‘以货币联结起来的活动’。”

“贝博士，我知道人类历史上曾经使用贝壳作为货币，可是我一直有一个疑问，贝壳的种类很多，是所有的贝壳都可以作为货币吗？”

“不是的，目前考古发现只有宝螺科的贝壳作为货币使用。”

“哦，明白了。贝博士，是不是因为您名字里面有‘贝’，所以您对它了解更多啊？”

“哈哈，小易，你很幽默。这样说来，你名字里面有‘易’，你对‘易’也知道很多喽？”

“那是！”小易毫不含糊地说，“‘易’在我们中华文化里面有非常重要的地位。《说文解字》里面说‘日月为易’，‘易’上日下月，日、月分别代表白天与黑夜，合在一起表示阴阳变化。《易经》就是讲变化之道的。”

“你说的应该是在《易经》出现之后的解释。‘易’的字形有一个演变过程（如图 1.1 所示），甲骨文字形是把水从一个容器转换到另一个容器，容器代表空间，水流代表时间，象征跟时空有关的变化。后来‘易’才演变成现在的字形。‘贸易’的意思就是商品或货物的交换或买卖活动。这也就是英语中 trade 的含义。中国‘睁眼看世界’

后，发现日本已经先一步对西方的很多文献进行了翻译，并且大量使用汉字进行翻译，当时的中国学者就采用‘拿来主义’的做法，直接把日本使用汉字翻译的词汇拿过来用了。这就使得在汉语中出现了大量的以汉字组成的外来词，每一个字我们都熟悉，但它们组成的词以前没见过。这样的词大约有八百多个呢。

图 1.1 “易”的字形演变

“这就是有些老人不知道‘国际贸易’的原因，因为这个词在汉语中才出现一百来年，并且在相当长的时间内只有相关领域的知识分子才能接触到，直到改革开放大力发展对外贸易之后，普罗大众才能从新闻媒体中接触它。当然如果你告诉他‘国际贸易’就是‘跟外国人做买卖’，他肯定能明白。”

“这样说来，国际贸易近代才出现吗?”小易问。

“当然不是。虽然国际贸易这个词是近代才在汉语中出现的，但是国际贸易活动历史悠久。国际贸易是国内贸易的延伸。贸易是一种古老的活动，在人类社会早期就已经出现，这已经被很多考古发现所证实。现代经济学鼻祖亚当·斯密声称交换是人类特有的天性。人类交换的动机之一是互通有无。人类早期的产品主要是满足生存需要的食物，比如蔬菜、肉类，由于不同的部落产出有差别——有的善于狩猎，有的善于种植——为满足身体对基本营养的需要，人们就用自己的劳动产品交换自己没有的或稀缺的产品。后来，随着交通工具的发展，人类贸易的距离逐渐延长，国际贸易就随之出现了。不过严格来说，当时的国际贸易叫远程贸易更为恰当，因为民族国家的概念还没有形成，民族国家出现之后才有当前意义上的国际贸易。”

“我记得您说过，现在国际贸易的定义是商品或劳务的跨境交换或买卖。”

“对，这里的‘跨境’可能是跨越国境，也可能是跨越关境（国境与关境的关系见图 1.2），根据不同国家采用的贸易统计体系而定。这个定义是出于经济统计的需要而界定的，我们在研究国际贸易起源和历史的时候不应局限于这个定义，因为古代的远程贸易和近代民族国家出现之后的国际贸易并没有本质上的区别。”

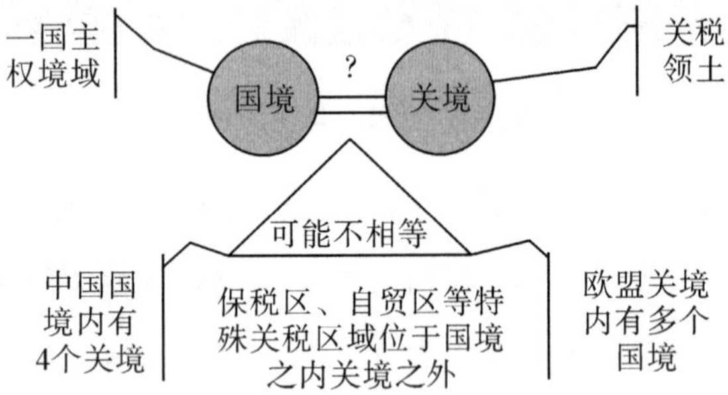

图 1.2　国境与关境

“明白了，也就是说，我们讨论历史的时候为了方便，可以直接使用‘国际贸易’，尽管这个词在古代有些条件并不满足，比如古代的国界线是不清晰、不固定的，更谈不上关境了。”

“完全正确。小易，你已经抓住问题的核心了。”

“贝博士，听您这么一说，我对国际贸易的历史产生了很大兴趣。您能不能给我们讲一下国际贸易的历史。还有，我们中国历史悠久，是不是中国参与国际贸易的历史也很悠久?”

“如果从过去发生的事实来看待历史，中国的国际贸易历史肯定很久远，但我国对早期国际贸易历史的考古研究并不是很多，现在对早期国际贸易的考古研究主要集中在地中海地区和印度洋地区。我这里有些资料你拿回去看，包括古代和近现代的国际贸易的一些历史材料。”

“哇，这么多！够看一段时间了。”

“有任务给你，你要抓紧看完这些材料，并在下一次课上跟大家报告，从国际贸易的历史看，国际贸易对一国经济发展的作用是什么?”

“啊，还有任务啊？贝博士，向您请教问题好有压力啊。”

“哈哈，有压力才有动力嘛。带着问题学习，效率更高。”

于是小易带着贝博士给的资料抓紧到图书馆学习去了。

古代贸易的一次体验

小易先浏览了一下贝博士给的资料目录，发现资料包括古代和近现代的贸易史概述，除了文字材料，还有一个 VR（虚拟现实）学习材料，是根据考古发现和文献资料开发的。小易决定先去看看这个 VR 材料。他来到图书馆的 VR 学习室，输入密钥，戴上 VR 设备。启动设备后，小易眼前浮现字幕：

体验场景：“寂静的贸易”

资料来源：希罗多德（Herodotus）

时间：公元前约 430 年

地点：赫拉克勒斯之柱（Pillars of Hercules，今直布罗陀）

场景一换，小易发现自己身处一个镇上，周围是一群穿着打扮很奇怪的人。小易又看看自己的打扮，竟然跟他们的一样。小易正想跟他们打个招呼，突然一个人大声喊起来：“迦太基人又来了!”小易顺着他手指的方向看去，远处一股浓烟腾空而起。

坏了！小易暗暗叫苦，怎么碰上打仗了，说好的寂静的贸易，怎么搞出狼烟了？小易正准备找个地方躲避一下，却听到旁边的一个粗壮大汉说：“这一次等这么久才来！我家的乳香早用完了!”小易看看他的表情，确定是兴奋而不是恐惧。小易小心翼翼地问：“大哥，狼烟都出来了，不是要打仗吗？还是说迦太基人太过弱小，我们不用放在眼里？”

大汉皱着眉头，扫了一眼小易：“什么狼烟？那烟是迦太基人发的信号，他们是来和我们交易的。”

听说是交易，不是打仗，小易放心了。

“走，我们先去看看迦太基人这次带来了多少货。”一个貌似头领的人大手一挥，带着人们向浓烟处赶去。小易连忙跟随众人，想着去看看历史上大名鼎鼎的迦太基人长什么样。

众人转过一座山，远远地看到大海，海上有几艘船，冒烟的地方在沙滩上。走到近处，看到沙滩上整齐地摆放着一溜鼓鼓囊囊的大袋子，沙滩上空无一人。

小易失望地问粗壮大汉：“迦太基人呢？藏哪去了？这地方很空旷，也没地方藏啊。”

“他们在船上。”

“离那么远怎么交易啊？怎么不在沙滩上等着？”

“安全。在沙滩上等着被你这样的暴徒打劫啊？”

小易心想：咱俩谁长得像暴徒啊？懒得搭理你这个粗人。

此时头领已经查看了货物，正安排几个人回去取金子。小易走到货物旁边，伸手要打开袋子看看。

“别动！”一声大喝吓了小易一跳。他回头一看，粗壮大汉铜铃似的大眼瞪过来：“现在不能动。”

“为什么不能看？不看看怎么知道是什么东西？东西怎么样？”

“经验。”粗壮大汉惜字如金。

“大哥你能不能多说两个字？”

“诚信。”

小易决定不跟这个人说话了，太烧脑。

这时几个人背着金子过来，取出一部分放到货物旁边。头领大手一挥：“走！”众人跟着往回走。

“怎么货物都不拿？白给黄金吗？”小易又忍不住问。

没人回答他，粗壮大汉拎起他就走。快回到山边众人才停下来。

这时，远远地看到两个迦太基人从船上来到岸边，绕着放货物和金子的地方转了一圈，然后又回到船上去了，看样子什么也没拿。

头领说："迦太基人对我们给的金子不满意啊。我们商量一下还能再加多少。"

一帮人嘀嘀咕咕商量了一阵子，又派两个人去加了一些黄金。

等这俩人回来，迦太基人又到岸上查看，他们弯腰往一个袋子里面装金子，然后离开了。

小易看得郁闷。这来来回回折腾，效率太低了。

"你们为什么不面对面交流呢？说话不更快吗？"

"语言不通。"

"噢。那我怎么能听懂你们说话？哎，你说的还是普通话哦。"

"你以为每个人都像你一样有一个系统提供服务啊？"

"系统？我觉得系统也不怎么样。我给他们提出这么有建设性的意见提高效率，为什么这些人像没听见似的？"

"这不是互动游戏，你最多当纪录片看就行了。这是系统设定。"

"又是系统！这么差劲的系统我真想把他K了！"

"我就是系统！你可以出去了——"

被系统踢出来的小易回想着刚才自称系统的粗壮大汉的黑脸，埋怨系统太不友好了，决定等见到贝博士的时候一定要提提意见。

贸易考古发现与历史记录

刚才的VR体验材料虽然是古代的，但时间并不是很久远，小易很想知道是不是有更古老的关于国际贸易的记录，于是他埋头阅读贝博士给的其他资料。

从有文字记载的历史起，在美索不达米亚与南阿拉伯半岛之间就已经存在发达的谷物和金属的远程贸易，考古学家甚至已经找到充分的证据证明在史前就有了黑曜石和石器的远程运输。考古学家在河心一些不长树木的小岛上找到了一些史前市场的遗迹。这类地点不仅有利于船只的运输，还最大限度地避免了交易者被他人伏击的可能。

历史记录和考古发现表明，从大约公元前4100年起，从安纳托利亚山脉起，向东南纵贯美索不达米亚和波斯湾，向东穿过印度洋近海岸的水域，向东北直至今巴基斯坦境内的印度河，存在着陆路和海路组合的交通系统，绵延着一条长达五千千米的弧形贸易地带。当然，彼时的贸易是间接的，包含上百个单独的旅行路段、中间人和中间交易。到大约公元前3000年时，波斯湾成为主要的贸易通道。在四千多年的时间里，古埃及—红海枢纽成为世界贸易的一个轴心，古埃及人由此而获得了巨大利益。

在丝绸和胡椒到达西方之前，香是古代西方最主要的奢侈品。在公元前3500年左右，古埃及和古巴比伦的贵族就已经形成了使用香的习惯。在大约公元前2500年的石碑上就记载着贩卖香的商旅到达泛舟之地（今也门和索马里）的情形。

公元前1497年，哈特舍普苏特执政古埃及，古埃及逐渐衰落，红海上的贸易转由控制了位于美索不达米亚和古埃及之间的战略要地的腓尼基人掌控。腓尼基人可能是第一个直接从事远程贸易的民族，他们在地中海的商业优势持续了一千多年。

等等，看到这里小易又想到VR体验课里面的迦太基人。迦太基人、腓尼基人，到底是什么情况？小易停下来查了查相关历史资料，原来腓尼基人是生活在地中海东岸的一个古老民族，擅长航海和经商，而迦太基人是对生活在迦太基城的腓尼基人的称呼。搞明白了两者之间的关系后，小易继续阅读贸易史资料。

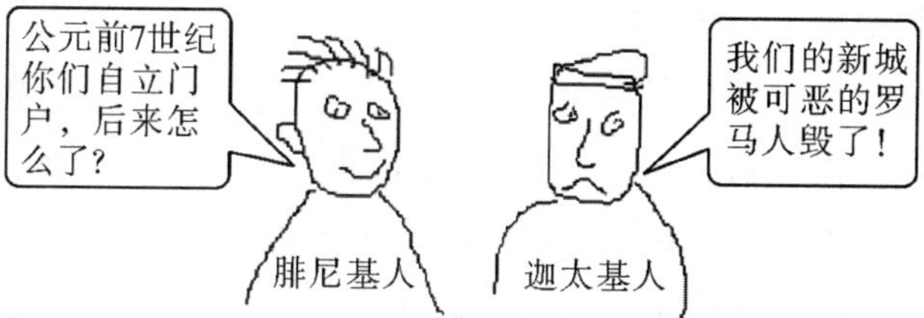

到公元前400年时，腓尼基人经常出没于西欧的绝大多数海岸线，以及东非、西非沿岸。根据希罗多德的记载，腓尼基人从阿拉伯湾进入南印度洋，每年秋天在非洲海岸线上某个合适的地点停下来，播种后等待第二年收获，收获粮食后重新回到海上，绕过非洲最南端，在整整两年后绕过直布罗陀，于第三年回到埃及。

读到这里，小易不禁感叹，腓尼基人绕过非洲最南端的时间比瓦斯柯·达·伽马早了两千年。腓尼基人有关航海的技术资料后来肯定在战争中毁灭了，以至于后来人要重新去发现“新”航线。

公元前6世纪到公元前5世纪，政治权力逐渐东移到波斯。大流士一世在苏伊士修建了一条运河（不是现在的苏伊士运河，是一条古运河），将尼罗河与红海连接起来，地中海也由此与红海相通，波斯对贸易的影响力增强。公元前5世纪的马拉松、萨拉米斯、普拉提亚等一系列战役后，波斯的扩张受到抑制，希腊登上了地中海的政治、贸易和军事舞台。但是雅典与斯巴达之间的伯罗奔尼撒战争让希腊人的世界陷入了崩溃。

迦太基庞大的财富与微小的国土，引起地中海对岸强大帝国的觊觎。先是亚述帝国，后来是巴比伦王国，最后是罗马帝国。罗马崛起后，与迦太基之间爆发了三次战争（罗马人称之为布匿战争）。公元前147年，罗马将迦太基彻底毁灭，按照罗马人的信仰，是名副其实的彻底毁灭——罗马人将整座城市焚为灰烬，并在燃尽的废墟上撒上盐，施加永远的诅咒。这场战争后罗马人开始享受贸易的福利。屋大维所开创的长达两个世纪的和平稳定的环境给古代贸易的繁荣创造了条件。

几乎与此同时，中国汉朝的影响力通过丝绸之路向西方延伸。罗马治下的和平与中国汉朝带来的稳定在公元1—2世纪促进了罗马与中国之间的远程贸易和间接商业活动。中国丝绸和印度胡椒成为罗马新的奢侈品，胡椒贸易成为最快捷的致富途径。白银、美酒、红珊瑚和琉璃也从海路和陆路运往印度和中国。1945年和1948年在印度庞帝切瑞（Pondicherry）挖掘出一个罗马贸易专属区域的建筑遗址，表明罗马和印度之间曾存在频繁的贸易往来，据考证，该专属区域直到公元200年左右才被废弃。

公元200年前后，随着罗马和中国汉朝的政权衰落和灭亡，东西方的贸易几乎完全停止。

随后，阿拉伯帝国的崛起推动贸易活动开始新的扩张。在罗马衰落后的大多数时间，阿拉伯帝国统治了中世纪的远程贸易。公元655年，阿拉伯帝国通过“桅杆之战”从拜占庭帝国手中抢到对东地中海的控制权，西方与印度和中国之间的海上通道易主，直到八百五十年后达·伽马重新发现这条绕过非洲南端的“新”航线。阿拉伯帝国和中国在公元7至9世纪开展了直接交流。

阿拉伯帝国对中亚远端发动了一次又一次攻打，在公元751年的“怛罗斯之战”中将唐朝军队打败。随后几年唐朝又陷入“安史之乱”，使得阿拉伯帝国将中亚地区效益可观的货运路线收入囊中。在东方，阿拉伯商人通过丝绸之路和海上通道与中国的联系越来越密切。来自中国的四种主要奢侈品——丝绸、檀香木、香料和陶瓷，被用来交换阿拉伯和非洲的货物：纯种马、象牙、香、棉花、黄金、铜。在当时的贸易中，中国的香料主要是用作佐料和药材的桂皮、花椒、八角等；阿拉伯的香主要指乳香、沉香、安息香等，除了用作食材和药材，更多用于洁净、美容和宗教。

以汉朝到罗马为核心的贸易活动距离遥远，在出发地和目的地之间，货物在很多商人之间不断倒手，这些商人的种族、宗教、文化、法律传统都千差万别。阿拉伯帝国的扩张，改变了这种贸易模式，单一的文化、单一的宗教、单一的法律将欧亚非三个大陆联结了近一千年。阿拉伯商人到16世纪一直占据着远程贸易的统治地位。

阿拉伯帝国在几百年里将已知世界几乎联结成一个巨大的百货商场，在这里，非洲的黄金、象牙和鸵鸟毛可以与斯堪的纳维亚的动物皮毛、波罗的海的琥珀、中国的丝绸、印度的胡椒以及波斯的金属工艺品进行交换。但是阿拉伯帝国对贸易的垄断切断了罗马帝国与东方的直接贸易联系，阿拉伯帝国与罗马帝国接连爆发战争，使得东西方的边界西移到地中海。在地中海，阿拉伯人和罗马人都失去了自由通行的权利。地中海成为战争之海，不再是一条贸易通道。在罗马灭亡后的几个世纪里，原来旧帝国的许多地方成为世界商业发展的死角，不知道发生在中东、印度，特别是中国的商业和技术革命。

“滴滴……”，手机突然响了起来，小易收到贝博士发来的消息：“明天的课堂演讲尽量简洁明了。”小易正看得兴趣盎然，此时才发现时间已经不知不觉到了晚上10点多了。小易抓紧阅读整理剩下的材料，然后对世界贸易史进行了梳理，精心制作了演示文稿，准备在第二天的课堂上露一手。

世界贸易简史

第二天，小易早早地进入教室，发现教室里已经来了不少人了，他一眼就看到了一个苗条的身影坐在第一排。是她，男生公认的全校第一美女舒心。舒心不但长得漂亮，学习也很优秀，堪称集美貌与智慧于一身，是很多男生心中的女神。小易曾经怀疑，贝博士的这门课之所以爆满，就是因为舒心选了这门课，选这门课上的男生比例比一般的课要高，大概有一半是男生，这在女生比例很高的学校里是很少见的。小易虽然很想坐到舒心旁边，可是她旁边已经没有空位置了。他找了个靠前的位置坐下后，暗下决心，今天要好好表现，让女神刮目相看。

一段贝多芬的《星空》响起，上课时间到了。贝博士面带微笑，迈着轻快的步伐进入教室。

“今天我们学习国际贸易简史。首先请小易同学给我们介绍，然后大家补充、提问和讨论。有请小易！”

小易感觉全班都在看着自己，他快速走上讲台，打开演示文档，深吸一口气，平复一下心情。

“大家请看这个世界贸易发展简史图（图 1.3）。

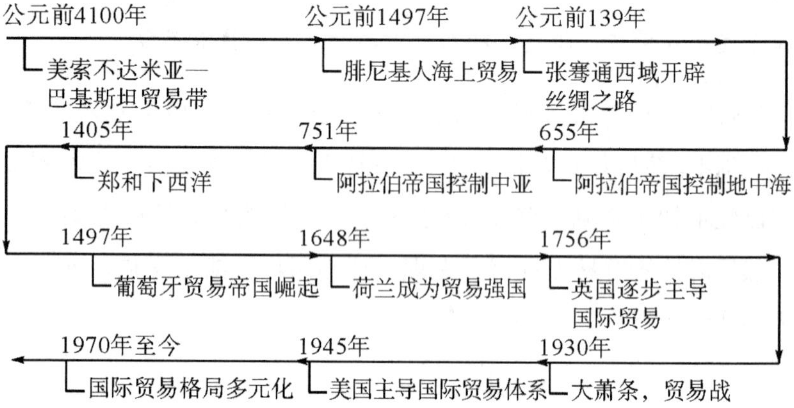

图 1.3　世界贸易简史

“据考古发现，大约公元前 4100 年，从安纳托利亚山脉起，向东南纵贯美索不达米亚和波斯湾，向东穿过印度洋近海岸的水域，向东北直至今巴基斯坦境内的印度河，存在着陆路和海路组合的交通系统，绵延着一条长达五千千米的弧形贸易地带。

“约公元前 3000 年，波斯湾成为主要的贸易通道，古埃及—红海枢纽成为世界贸易的一个轴心。

“据史料记载，公元前 1497 年，哈特舍普苏特执政古埃及之后，古埃及逐渐衰落，红海上的贸易转由腓尼基人掌控。公元前 400 年，腓尼基人已经经常出没于西欧的绝大多数海岸线，以及东非、西非沿岸。

“公元前139年，张骞通西域，开辟丝绸之路，罗马与中国之间开展了远程贸易和间接商业活动。

……

“中国宋代与五六十个国家和地区有贸易往来，元代同近百个国家和地区发展了海上贸易关系，中国对外贸易通道从以陆路为主转向以海路为主。明代郑和七次下西洋，足迹遍及今北印度洋及其沿岸，包括孟加拉湾及其沿岸、印度半岛、阿拉伯海及其沿岸的30多个亚非国家，中国船队直达东非海岸，但主要目的并不是贸易。此后，中国对外贸易开始转向衰落。”

小易在讲的过程中抽空瞄了一眼，发现舒心正专心地听讲，还时不时做笔记，小易精神抖擞，越讲越流畅了。

“1497年，达·伽马受葡萄牙国王派遣，率领船队从里斯本出发，绕好望角，找到通向印度的海上航路，葡萄牙贸易帝国崛起。1648年荷兰与西班牙签订的《赫斯特条约》结束了荷兰人与西班牙人之间的八年战争，荷兰人取得独立，他们的贸易潜能得到充分释放，荷兰商业帝国崛起。仿佛一夜之间，荷兰人出现在波罗的海、西班牙和地中海的所有地方，将木材、盐、酒和橄榄油这些原来在不列颠旗帜下运送的货物装上了他们的笛型船，由此赢得了‘海上马车夫’的称号。1651年，英国通过《航海法案》，禁止在英国存在第三方贸易，沉重打击了荷兰的贸易地位。1756—1763年的七年战争使英国扩大了海外殖民地，对这些殖民地的直接掠夺，为英国工业革命提供了大量资金，英国崛起，英国主导下的国际贸易体系逐步形成。

“1930年6月17日，胡佛签署了《斯穆特—霍利关税法》，将美国2万多种进口商品的关税提升到历史最高水平，引发各国报复及贸易战。1929—1933年全世界的真实GDP下降17%，美国GDP下降26%。1945年后，美国领导下的自由贸易措施开启了世界贸易的闸门，世界贸易出现大爆发，在20世纪下半叶以平均每年增长6.4%的惊人速度蓬勃发展。

“20 世纪 70 年代，欧洲、日本经济复苏，中国改革开放，世界贸易体系呈现出在美国主导下的多元化发展态势，美国贸易保护主义抬头。2013 年，中国重返世界货物贸易第一大国，中国提出‘一带一路’倡议，世界贸易格局调整，美国贸易政策进一步趋于保守。

“这就是世界贸易发展的简要历史。请大家批评指正。”

贝博士带头鼓掌。“小易的介绍脉络清晰，给我们勾画了世界贸易发展的轮廓。下面有疑问的同学可以提问。”

一个叫丁甲的男生举手提问：“中国作为四大文明古国之一，也是唯一的自古延续下来的文明古国，为什么从刚才的介绍中看，中国的古代贸易的历史比地中海地区的要晚很多？丝绸之路是中国最早的对外贸易通道吗？”

“这是个很好的问题。小易，你能回答吗？”贝博士问。

小易暗自庆幸昨晚做了充分准备，在课前与贝博士交流之后自己也思考过这个问题。

“我觉得一个重要的原因是考古材料的缺失。在有文字记载之前，人类社会肯定早就存在贸易活动，中国应该是存在国际贸易的。但是这方面的考古发现并不多，一方面是国内对此不是很重视；另一方面是在大家的观念里，中国的疆域范围在历史上是变化的，有些贸易活动跨越的距离很远，在古代某些时期是在不同国家进行的，但是后来这些国家都纳入了中国的疆域范围，因此如果现在说这些贸易活动是国际贸易，可能会造成误解，在政治上产生不良影响。而地中海区域在古代大部分时间处于邦国林立的状态，即使某些贸易活动的距离跟中国比起来并不算太远，但确实跨越国界了。所以，我们现在所界定的国际贸易与古代的国际贸易的概念是有区别的。现在的国际贸易出于统计分析的需要，明确地以国境或关境为标准，跨境的贸易活动属于国际贸易。而古代没有清晰的国境和关境的概念，国际贸易主要指远距离贸易。所以我们的考古工作应该突破思想束缚，着眼于远距离贸易，以此来追溯我国的对外贸易历史。”

“关于第二个问题，由第一个问题的回答可以看出来，显然丝绸之路不是中国最早的对外贸易通道，而是中国最有名的古代对外贸易通道。”

贝博士向小易挑了挑拇指，显然对小易能够自己思考和分析问题并归纳观点很赞赏。

“下面请小易回到座位上，请舒心给我们介绍丝绸之路的发展历史。”

丝绸之路简史

“大家好，我是舒心。刚才小易给我们介绍了世界贸易简史，下面我给大家介绍一下丝绸之路的发展历程。

“丝绸之路始于张骞通西域，形成于西汉。公元前 60 年，西汉设置西域都护府，丝绸之路进入繁荣时期。但在新莽时期的公元 16 年，丝绸之路一度中断。公元 73 年，东汉遣班超出使西域，重新打通丝绸之路；公元 97 年，甘英奉西域都护班超之命出使大秦（即罗马帝国），到达条支海（即现在的波斯湾）。

“魏晋南北朝时期，丝绸之路有西北丝绸之路、西南丝绸之路和海上丝绸之路三条，其中西北丝绸之路又叫绿洲丝绸之路或沙漠丝绸之路。

“唐朝时陆上丝绸之路进入鼎盛时期，安史之乱后开始衰落。北宋时中国版图大幅缩减，政府未能控制河西走廊，陆上丝绸之路开始衰落。到了南宋时期，陆上丝绸之路衰落日益明显，而海上丝绸之路进一步崛起，逐渐有取代陆上丝绸之路的迹象。

“元朝时期陆上丝绸之路的交往目的发生了明显变化，大多是开展宗教、文化交流，而不再以通商为主要内容。陆上丝绸之路进一步衰落，海上丝绸之路发展进入鼎盛时期。

“明朝中期以后，陆上丝绸之路贸易全面走向衰落，海上丝绸之路航线已拓展至全球，进入极盛时期。1405—1433 年郑和七次下西洋，但其主要使命是进行外交、军事等层面的对外交流。达·伽马和郑和发现非洲航路的时间，相隔仅六十五年。

“鸦片战争后，中国海权丧失，沿海口岸被迫开放，中国成为西方倾销商品的市场。从此，海上丝绸之路一蹶不振，进入了衰落期。直到 2013 年我国提出‘一带一路’倡议，丝绸之路才重新焕发活力。”

贝博士：“从刚才舒心的介绍中我们对丝绸之路的前世今生有了一定了解（见图 1.4）。下面请大家提问。”

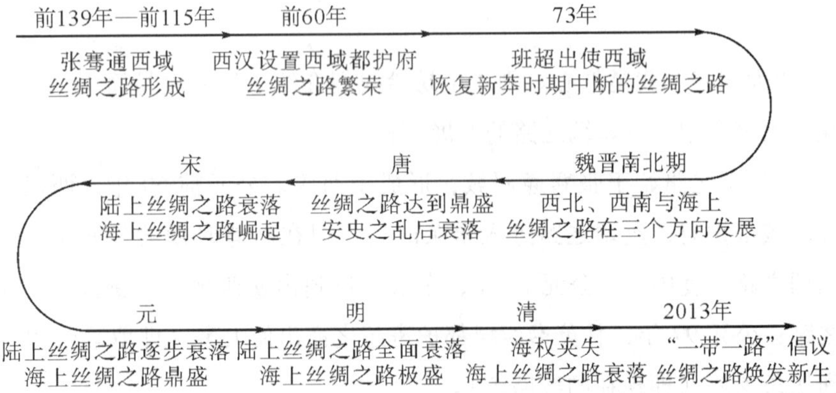

图 1.4　丝绸之路简史

丁甲：“丝绸之路是以产品来命名的，那它为什么不叫瓷器之路？另外，西方管中国叫瓷器国，为什么不叫丝绸国呢？”

教室里鸦雀无声，大家都感觉这个问题问得刁钻。小易不禁替舒心担心，腹诽这个家伙为了吸引女神注意，不走寻常路啊。

舒心依然面带微笑：“根据历史学家的研究，早在古罗马帝国时期古罗马人就已经通过贸易获得了中国的丝绸。当时古罗马统治阶层对丝绸非常痴迷，因为他们本地制作衣物的原料是闷热厚重的动物皮、粗糙的羊毛、皱巴巴的亚麻，轻柔、光滑细腻的丝绸与这些原料比起来简直是天壤之别。在西方神话中，连诸神都无法抗拒丝绸的魔力，大自然女神伊西斯就身披会变换颜色的丝衣。所以，丝绸在古罗马绝对算得上是高端奢侈品。经过漫长而又充满危险的旅途，丝绸的价格在古罗马比在中国高百倍以上，价值等同于同等重量的黄金，也只有统治阶层才能消费得起。普通人对丝绸并不了解，他们还以为丝绸是桑树直接长出来的，但这并不妨碍他们对丝绸的痴迷。也就是说，在古代的中西方贸易中，丝绸是最受西方欢迎也是最主要的贸易产品。这种情况下，用‘丝绸之路’来指称古代的中西方贸易路线，也就不难理解了。不过，‘丝绸之路’这个名称其实出现得很晚，1877 年德国学者李希霍芬旅行中国后，才在他的《中国》一书中首次使用此名。

“由于丝绸之路有不止一条线路，古希腊、古罗马人以为丝绸来自两个不同的国度——北方的由陆路联结的产丝国是 Seres，南方的由海路联结的产丝国是 Sinae，两者发音都源于‘丝’。所以历史上西方对中国是有‘丝绸国’的称呼的。

“此外，对于‘China’的词源问题，有源于‘瓷器’‘茶’‘丝绸’‘蜀之成都’‘秦’‘契丹’‘智巧’等多种说法，莫衷一是。至于 China 这个称呼与瓷器的关系，据语言学家的考证，虽然其发音与‘瓷’有相近之处，但应该是先有称呼中国为 China，后才用 china 指代瓷器。17 世纪的英国人用 chinaware 指称来自中国的瓷器，后来干脆与对中国的称呼一致，直接用 china 指称瓷器。所以并不像很多人理解的那样，外国人用瓷器来称呼中国，而是相反。”

国际贸易的作用

贝博士说：“大家还有什么问题要提吗？”

圆脸女生辛乙站起来问："老师，刚才他们分别提到了世界贸易、国际贸易、对外贸易这三个词，请问这三个词有什么不同吗？"

"很好的问题。我们用图来演示这三者之间的关系（见图 1.5）。当你从旁观的角度看两国之间的贸易，这笔贸易就是国际贸易。同样是这笔交易，如果你从其中一国的角度来观察，对该国来说这笔贸易就是对外贸易。如果你从整个世界的角度看，这笔交易又属于世界贸易的一部分，所有国家之间的贸易加起来就是整个世界贸易。为了避免重复计算，一般把各国的出口额相加得到世界贸易额。这里需要说明的是，有些学者认为世界贸易还应该包括世界各国国内的贸易，不过通常我们在说世界贸易的时候是不包括国内贸易的。

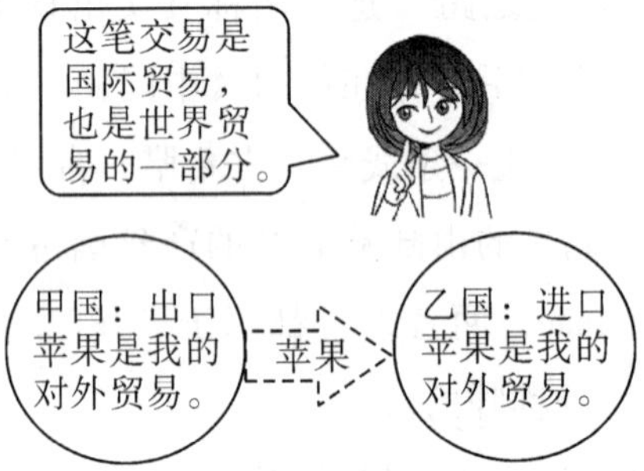

图 1.5 对外贸易、国际贸易与世界贸易

"通过刚才两位同学的介绍，大家对国际贸易应该有了一个认识。我现在问大家一个问题：结合我们刚才学到的东西，从历史上看，国际贸易的影响或者作用是什么？大家说，我来写。"

"国际贸易可以增加财富啊，葡萄牙、西班牙、荷兰等国家的崛起，都是从贸易中获得了大量财富。"

"贸易创造了货币，这个我们在中学就学过，是为了满足便捷交换的需要才创造了货币。"

"货币不就是财富吗？跟刚才说的一样吧？"

"哦，有意思的问题。嗯，先记下。"

"国际贸易可以带来和平，大家都可以通过贸易获得财富，谁还打仗啊。英国政治家理查德·科布登说过：‘自由贸易是上帝赐予人类的最好的外交手段，没有比自由贸易更好的方法能够让人类和平相处的了。’”

“不是吧，那鸦片战争怎么说？英国人不是为了贸易才打仗的吗？这样看，是贸易引发了战争。还有现在的美国，搞贸易战，虽然不是真正的战争，但也是冲突啊，是破坏和平的吧？这不也是贸易引发的？”

“似乎很有道理哦。嗯，先记下。

“国际贸易的作用实际上是国际贸易研究中的一个核心问题，是历来研究国际贸易时要回答的一个问题。贸易是否创造财富？如何创造财富？什么是财富？贸易促进和平还是引发战争？不同的贸易理论有不同的回答。在后续的学习中，我们将沿着贸易思想家们的足迹探寻答案。”

“请大家下去后预习重商主义理论，并思考刚才的问题。”贝博士在下课铃声响起之前布置了任务。

2

重商主义 是非功过难评说

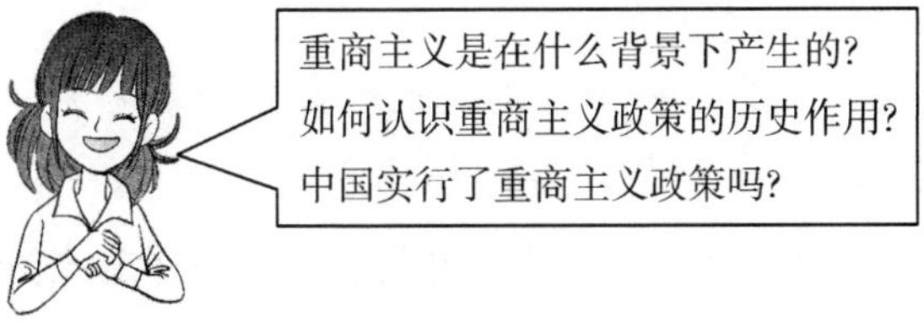

德雷克因功封爵

时间：1580 年 9 月 26 日

地点：普利茅斯港（Plymouth Harbor）

弗朗西斯·德雷克（Francis Drake）正在向英王伊丽莎白一世汇报环球航行的收获。

德雷克：陛下，三年前我带着五艘船组成的船队从这里出发，肩负着您交给我的三项使命——重复麦哲伦的环球航海活动，建立与香料群岛的贸易关系，惩罚那些伊比利亚人。船队幸不辱命，尽管损失了两艘船，可是不虚此行，收获颇丰。

（德雷克用手指向水面上的船只，这些船只被货物压得低低的。）

您请看，左边这艘船上是从西班牙船上拿来的金银财宝，那些西班牙人喜欢到处抢掠，从外面往西班牙运金银财宝的帆船、快船络绎不绝，我算是替那些受难的人惩罚这些强盗了，拿了他们 5 箱金子、40 万磅银子，还有一些珍宝。

右边这艘船上是葡萄牙人的贸易货物，葡萄牙人垄断东方贸易航线，可是发了大财了，我替这些暴发户拿些东西来孝敬陛下。

再看中间这艘船，上面是丁香花苞、肉豆蔻。这些珍贵的香料是我通过诚实的贸易，从香料群岛的苏丹、特内特岛的巴布拉那里买来的，他们已经知道大英帝国很有诚意跟他们做贸易。

（女王脸上带着满意的微笑，颔首嘉许。）

德雷克（得意地）：我粗略算了一下，这次航行给投资者带来了4 700倍的利润，按照陛下的股份，您可以分到16.3万磅的红利。

德雷克（一脸神秘）：不过这些并不是最重要的，还有一个最宝贵的东西。有请席尔瓦先生！

（随着德雷克回头喊了一嗓子，一个健壮、英俊的男子走了过来，匍匐在女王脚下。）

女王（惊讶地）：德雷克先生，这是什么人？

德雷克：陛下，这是一个葡萄牙俘虏，是我在非洲西海岸附近的佛得角群岛拦截的圣玛丽娜号上抓到的，是我献给您的最珍贵的礼物。

女王（皱了皱眉头）：德雷克先生，我不明白你的意思。

德雷克：陛下，这是一个资深引水员，他掌握了最机密的航海和贸易资料。

女王（激动地站了起来，盯着引水员）：站起来！你掌握了哪些资料？

席尔瓦：陛下，我知道葡萄牙的一些贸易据点的情况，熟知南半球复杂气候下的天文航海信息，我还有通往东方的海图。

（女王喜不自禁，几乎要喊出"天佑大英帝国！"这些信息对贫穷落后的英国来说太重要了！有了它英国也可以获取东方的财富！）

女王（稍微平复了一下心情）：席尔瓦先生，你没受苦吧？你竟然会说英语，是什么时候学的？你的全名叫什么？

席尔瓦：回陛下，我的全名是Nuo Da Silva，我是在船上跟英国的绅士们学的英语，他们对我很好，我每天都跟船长一起用餐。

女王：席尔瓦先生，这么短的时间内你就能把英语说得这么流利，说明你是个聪明人。希望你能尽力帮助英国海军掌握前往东方航行的技能，本王不会亏待你的。

席尔瓦：乐意为您效劳。

女王（转向德雷克，面带微笑）：德雷克先生，你此行的收获大大超出我的预期。鉴于你对国家和民族的重大贡献，本王决定授予你皇家爵位。五个月后，在金鹿号船上为你举行封爵仪式！

德雷克（狂喜，躬身施礼）：谢女王陛下！

国际贸易与资本原始积累

影片结束，灯光亮起。贝博士面带招牌式的微笑，从座位上站了起来。“我们今天来到智慧教室，是因为这一讲的主题要用到历史场景模拟技术。刚才大家看到的，就是我利用历史资料模拟的一段影像。请问，这段影像反映的是哪个时期的历史？”

“影片反映的是资本原始积累时期。当时西欧各国先后通过一些暴力手段积累资本，比如圈地运动、黑奴贸易、殖民地掠夺、暴力控制下的贸易（见图 2.1）。虽然西班牙、荷兰、葡萄牙这些国家此时希望和平贸易，但是英国、法国这些落后的国家觉得保证外国商船的安全是幼稚可笑的。德雷克带领英国海军抢劫西班牙、葡萄牙等富裕国家的商船，为英国积累了大量财富，这种行为跟海盗没什么区别，但是他们的这种行为却被本国国民视为爱国的壮举，他们因此而成为民族英雄。”小易课前做了充分准备。

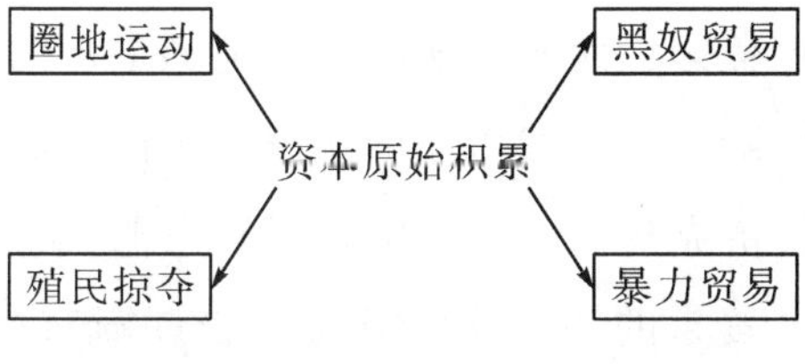

图 2.1　资本原始积累的途径

“不错。其实，在公元 1700 年以前，全球的商业运作是以武装贸易为核心的，各国通过武装贸易来维持对来自异域的珍稀商品的垄断。

在发现通往东方的新航线后，葡萄牙人起初并不想建立一个贸易帝国，而只是做些收取保护费和敲诈勒索的买卖，性质跟英国的海盗行为差不多。但香料贸易的利润太丰厚了。16 世纪初葡萄牙以香料贸易起家，到 16 世纪中叶，葡萄牙海外帝国发展到鼎盛时期。葡萄牙在非洲东海岸和印度东、西部海岸拥有大批贸易据点，控制了印度洋岛屿锡兰（今斯里兰卡）、霍尔木兹、马六甲、香料群岛和中国澳门，并在日本拥有一个据点，在巴西也建立了一个立足点，控制了跨越半个地球的商业航线，竭力排斥欧、亚各国商人，截断阿拉伯人同印度和印度尼西亚的商业往来，打破阿拉伯人和意大利商人对印度洋的传统垄断，葡萄牙人垄断了东方的贸易。从 15 世纪末到 16 世纪初期，葡萄牙人运走了亚洲香料总产量的 1/10，还最先在美洲的巴西建立奴隶种植园用以种植甘蔗，垄断大西洋上的食糖贸易，最后把香料、食糖在欧洲高价出售。同时，葡萄牙人还垄断了非洲的黑奴贸易。当时人口不到 200 万的小小葡萄牙，却垄断了世界上的香料、食糖、黑奴贸易，成为世界性的商业帝国，变得富庶强大，欧洲的权力中心也从意大利的城邦国家转移到了伊比利亚国家（葡萄牙和西班牙）。

“西班牙在葡萄牙控制由印度洋通往东方的贸易航线之后，派遣哥伦布开辟了通往美洲的航线。除了通过贸易获利，西班牙更喜欢直接从美洲掠夺金银，一时之间也富得流油。

“采用海盗活动劫掠财富对英国人来说，在某种程度上也是无奈之举。因为此时跟葡萄牙、西班牙比起来，英国是弱国，无法与它们正面对抗，只好采用海盗游击战术。但英国人明白，英国的未来在于贸易而不是抢掠。德雷克封爵后，英国希望利用他获得的航海和贸易资料，参与到对东方贸易的角逐中，海盗行为逐渐减少。但他们发现，想从贸易中分一杯羹并不容易。好不容易打败海军力量强大的西班牙和控制香料贸易的葡萄牙后，又出现了一个商业强国荷兰。

“1648 年《赫斯特条约》结束了荷兰人与西班牙人之间的八年战争，荷兰人获得独立。没有了西班牙人的抓捕和封锁，荷兰人的贸易潜能得到充分释放。荷兰获得独立后经济发展迅速，利用西班牙衰落和英国忙于内战之机垄断了世界贸易。几乎一夜之间，荷兰人出现在了波罗的海、西班牙和地中海的所有地方，将木材、盐、酒和橄榄油这些原来由英国运送的货物装上了他们的笛型船。另外，荷兰人还实现了对来自马鲁古和斯里兰卡的优质香料的市场垄断。这是荷兰的黄金时代，此时的荷兰不仅控制着世界的贸易航线，其生产水平也无人能出其右。

“面对咄咄逼人的荷兰，1651 年英国克伦威尔政府通过了《航海法案》。这项立法禁止在英国存在第三方贸易，并且规定：凡是从欧洲运往英国的货物，必须由英国船只或商品生产国的船只运送；凡是从亚洲、非洲、美洲运往英国或爱尔兰以及英国各殖民地的货物，必须由英国船只或英属殖民地的船只运送。克伦威尔的海军和私掠者开始抓捕数百艘荷兰船只。显而易见，航海法案剑指‘海上马车夫’荷兰，英国在向荷兰发起一场贸易战争，并由此引发了真正的战争。在《航海法案》通过后的七个月内，英荷双方矛盾不断升级，第一次英荷战争爆发了。

“从 1652 年到 1784 年，共发生了四次英荷战争。双方打得难分难解，互有胜负。法国渔翁得利，国力迅速上升。而在与英法的长期缠斗中，荷兰实力下降。英国趁荷兰国力衰落，在 1780 年发动第四次英荷战争，直至 1784 年将荷兰彻底击败，从此获得世界海上霸权，也取代荷兰获得世界金融霸权。

“暴力控制下的国际贸易为葡萄牙、西班牙、荷兰、法国、英国带来了巨额财富，是欧洲资本原始积累的重要来源。在资本原始积累时期，欧洲各国政府在国际贸易中普遍实施重商主义的政策。”

贝博士：“我问大家一个问题，为什么在这一时期产生了重商主义？”

“我知道。”舒心举手说，“14 世纪在欧洲蔓延的黑死病造成欧洲大约 1/3 的人死亡。15 世纪中叶随着黑死病影响的消除，欧洲人口迅速增长，商贸经济逐渐繁荣，对贵金属的需求随之上升。但欧洲货币供应严重不足。除了开采金矿和银矿，对外贸易是增加货币金银的重要途径。但在东西方贸易中，欧洲人长期逆差，拿不出足够的能够吸引东方人的东西交换自己需要的丝绸、瓷器和香料，只能用金银支付。长期的贸易逆差几乎耗尽了欧洲的金银，欧洲出现了‘黄金饥渴’症。为了获得金银，欧洲各国除了前往《马可·波罗游记》描绘的富庶的东方去探险，在对外贸易中也竭力避免金银流出。整个欧洲社会陷入拜金主义的狂潮，重商主义的经济哲学由此产生了。”

重商主义的逻辑

贝博士：“重商主义的逻辑是什么？有哪位同学给大家讲一下？”

“我来吧。”丁甲一副云淡风轻的模样。

“当时从王公贵族到普通百姓，都认为金银是衡量财富的唯一标准，一切经济活动的目的就是为了获取金银。获取金银的途径无非是开采金银矿藏、掠夺和贸易。欧洲本地金银矿藏已经接近枯竭，只有向外寻找。日本有大量的银矿，美洲发现大量的金矿，但被葡萄牙、西班牙捷足先登，所剩无几，无法成为一种普遍的、可持续的获取金银的方式。通过劫掠的方式获取金银，风险大，代价无法控制，也难以持续，武力不足的国家甚至可能沦为被劫掠的对象。唯有贸易有可能成为比较稳妥的致富方式。当然，国内贸易不会增加一个国家的财富总量，因为国内贸易只是将金银从一个人手里转移到另一个人手里，是财富在国民之间的再分配，金银的总量没有变化。

“国际贸易可以改变一国的财富总量，但是并非所有的国际贸易都会增加财富，要对国际贸易进行控制才能实现财富的增长。因为出口导致金银流入，进口导致金银流出，只有当出口大于进口，即出现对外贸易顺差时，才会出现金银流入大于金银流出，所以对外贸易顺差会导致贵金属的净流入，对外贸易顺差是货币财富的重要来源。政府的干预是必不可少的，因为顺差不会自然而然地出现，而且不可能所有国家都是顺差，需要政府有力干预。政府应该采取的政策是鼓励本国货物的出口，限制外国货物的进口，限制金银的流出，促进金银的流入，由此才能保证本国财富的增长，使本国成为国际贸易中的赢家。总之，重商主义的逻辑如图 2.2 所示。”

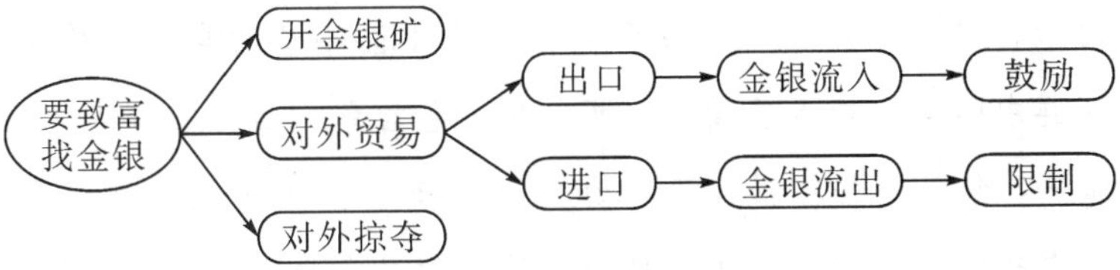

图 2.2　重商主义的逻辑

关于重商主义的辩论

“上课前我收到小易发给我的邮件，说你们准备了一个辩论会，利用智慧教室的设备来模拟一场关于重商主义的辩论，肯定很有意思，现在我们开始吧。”

教室内的灯光再次关闭。小易把事先做好的文件输入教室设备。随着模拟设备的启动，一个美丽的女士出现了，她扫视了一圈，自我介绍道：“我是智慧教室的智能机器人卯卯，受大家的委托担任本次辩论会的主席。本次辩论的主题是重商主义的是非功过。本次辩论会与普通的辩论会不同，我将使用‘时空大挪移术’把重商主义的支持者和批判者召唤到现场进行辩论。由于他们相互之间不一定认识，他们出场时我会对他们作简单介绍。大家观看的过程中也可以通过手边的设备表达你们的想法，欢迎参与。大家放心，他们的语言经过处理，大家都可以听得懂。”

（只见卯卯双手一张，教室里出现了一位女士。）

卯卯：第一位出场的是玛丽·迪沃（Mary Dewar），早期重商主义代表作《论英王国公共福利》1969 年版的编辑出版者。

迪沃：这位美丽的小姐找我来有什么事情呢？

卯卯：您叫我卯卯就行了。迪沃女士，还有即将出场的各位先生们，我在这里先给你们统一说一下今天召集大家来此的缘由。因为最近美国指责中国在贸易上搞重商主义，而中国不认为自己在搞重商主义，一群中国学生产生了疑惑，所以希望各位前辈给他们解惑。

迪沃：您是不是找错人了？为什么不找《论英王国公共福利》一书的作者呢？其实我也很想见见他，验证他是不是我推断的那个人。

卯卯：迪沃女士，您知道这本书的作者是存在争论的，您还专门写了一篇论文研究这本书的作者到底是谁。很遗憾我的功力不够，在这种情况下无法召唤真正的作者。不过作为这本书最新版本的编辑，您对这本书的内容肯定了如指掌。因此请您给我们介绍早期重商主义的主要内容。

迪沃：好吧。早期重商主义产生于 15 ~ 16 世纪，又称为重金主义，坚持“货币差额论”，主张禁止货币金银输出，增加货币金银输入。在贸易上强调绝对的贸易顺差，要保持每一笔交易和对每一个国家的贸易都实现顺差。要做到这一点难度很大，不仅需要采取行政甚至法律手段，禁止货币流出，由国家垄断所有的货币交易，控制商品进口，而且要求外国人来本国进行贸易时，必须将其销售货物的全部款项用于购买本国的货物，不准携带金银出境。

（这时教室里突然出现了一个船长打扮的人。大家都看出这是著名航海家克里斯托弗·哥伦布。）

卯卯：哥伦布先生，我没有邀请您来吧？

哥伦布：我听说你在找我们那个时期的代表人物，我就过来了。

难道我不够有代表性吗？

卯卯：当然，您来了我们也欢迎。您对重商主义有什么高见？

哥伦布：什么重商主义？我那时候可没有这个名字。不过刚才听了迪沃女士说的内容，我也明白是怎么回事了。我赞同这种观点。

卯卯：听说您在写给西班牙国王的信中说，谁有了黄金，谁就可以在这个世界上为所欲为，有了黄金，甚至可以使得灵魂升入天堂？

哥伦布：是的，黄金的魅力无与伦比。

卯卯：好吧，现在我请一位那个时期的国王来说说他的观点。有请英王爱德华四世，他在1461—1483年统治英国。

爱德华四世：虽然我跟这个人不熟，但我赞同他的观点。我一生曲折的经历告诉我，黄金对一个国家太重要了。因此，我制定了法律，不经允许擅自将金银输出国外，等同于叛国！

卯卯：好，现在我们明白了早期重商主义的观点。下面有请托马斯·曼（Thomas Mun），他是英国晚期重商主义的代表人物，英国贸易差额论的主要倡导者。1615年他担任东印度公司董事，后又任政府贸易委员会的常务委员。他在1621年出版了《论英国与东印度的贸易，答对这项贸易常见的各种反对意见》一书，在1630年把该书改写为《英国得自对外贸易的财富，或我们的对外贸易差额是我们财富的尺度》，该书被马克思称为重商主义的“圣经”，是那个时期划时代的作品。

曼：我不喜欢重商主义这个名字，我是从国家利益而不是商人的利益出发的，虽然我重视商业，但商业只是增加国家财富的手段。还分成早期与晚期，听起来像是得了病，真是别扭。是谁起的这个名字？

卯卯：我们是从亚当·斯密的《国富论》中知道这个词的。虽然他不赞成您的观点，但他认为您的著作不仅成为英格兰而且成为其他一切商业国家的政治经济学的基本准则。

曼：好吧，我原谅这个年轻人了。他今天来了吗？

卯卯：噢，没有。他要参加另一个会议，今天没空。曼先生，请为我们介绍您对贸易的看法吧。您对刚才几位的观点有什么不同的看法吗？

曼：是的，我认为应该取消禁止货币输出的法令。

爱德华四世：什么？难道不应该把财富留在国内吗？你这是误国误民！

曼：不不，恰恰相反，我觉得把货币硬留在国内才是误国误民。您见过农夫种地吗？

爱德华四世：这跟农夫种地有什么关系？请不要转移话题。

曼：我没有转移话题，您听我说下去。您看到农民往土地里播种谷物时，您会不会觉得他是在发疯呢？

爱德华四世：胡说什么呢？农民播种是很正常的，播种是为了得到更多的粮食，这是常识。

曼：是的，这是常识。如果我们只看到农夫在播种时节在田里抛撒下许多谷物，我们会把他看成疯子，认为他是在浪费粮食。但是，如果我们把眼光放得长远，考虑到在收获季节他的劳动成果时，我们就会看到他播撒谷物的行为真正的价值以及这种行动带来的增益。货币的流动是一样的啊。强行把货币留在国内，就像把谷物留在谷仓里，是不会生长出更多的金银的。

爱德华四世：请你给我说说“种金子”的方法。

曼：我的方法就是对外贸易。应该鼓励那些可以增强本国未来出口能力的进口，比如进口国内生产用的原材料，加工后再出口，虽然购买原材料时金银流出了，但最终产品出口后金银又流回来了，而且比当初流出的还要多。因此，为了扩大贸易的目的，可适当输出金银。

国内金银太多还会造成物价上涨，削弱本国产品的竞争力，导致出口减少，影响贸易差额，减少金银流入。因此保存金银的最好办法是输出金银，用来从事更多的国际贸易。这不但不会使金银消失，反而会使金银增加。现在的金银输出是为了将来更多的输入。

爱德华四世：还要自己生产，太麻烦了，听说葡萄牙从东方弄来昂贵的香料卖，赚钱更轻松。

曼：英国没有葡萄牙那么多香料来源。葡萄牙人从海外贸易中发财后陷入奢华的生活，浪费金银。葡萄牙衰落的一个重要原因就是没有把贸易挣的钱用于发展国内工业，当海外贸易据点被抢走后就没什么贸易可做了。当然，葡萄牙的衰落您当年也没有看到，不过后来也应该听说过了。

爱德华四世：你说的好像有些道理。不过生产出来的产品不一定能卖出去啊，你怎样保证贸易顺差呢？

曼：理想状态下，一国应该只进口原材料且只出口制成品，要避免消费外国的奢侈品。当然，很难完全做到这一点，因为人们贪图享乐和虚荣的心理会让他们不顾国家财富的损失，购买和消费外国的产品。为了保持顺差，仍然需要政府的干预。

当商品出口时，国家全部或部分地退还资本家原先已纳的税款；同时，对输入本国的外国商品课以高额关税甚至是禁止性关税，保护本国工业发展；当进口商品经过加工重新输出时，国家则应退还这些商品在进口时所纳的关税。

卯卯：曼先生，您说的这些措施，现在还在普遍使用，叫出口退税和保护关税。

曼先生：哦，现在还有人在用？那说明我的这套理论还是很有生命力的。

卯卯：我想曼先生已经从理论上说清楚了晚期重商主义的观点。下面有请一位实践者，让-巴蒂斯特·科尔伯特（Jean-Baptiste Colbert，1619—1683），他是法国路易十四时代卓越的财政大臣，伏尔泰曾誉其为“治国良相”。他将重商主义付诸实践，促进了法国制造业的发展，被称为法国的“工业之父”。由于他的政策实践极具代表性，以至于“科尔伯特主义”成了重商主义的代名词。

科尔伯特：我在理论上没有什么贡献，我只是一个践行者，我只能谈谈我在法国做了哪些事情。我在研究了我国蒙克莱田先生1615年出版的《献给国王和王后的政治经济学》一书之后，觉得其中提出的一些思路有助于解决法国面临的财政窘境。

曼：你没有读过我的书吗？

科尔伯特：不好意思，真没读过。我1665年开始担任财政总监督，一直任职到1683年。在执掌财政期间，我致力于最大限度地促进法国的经济繁荣和财政收入增长，以此为国王陛下的对外战争及王室开支提供必需的财政支持。

金银货币财富是一国财产中最牢固和可靠的部分。一国衰落的第一个表现便是货币的衰败。因此，应通过对外贸易实现货币的净流入，维护本国货币的稳定。葡萄牙、西班牙等早期航海强国通过入侵征服、殖民劫掠和敲诈勒索而获得金银财富的做法，并不构成国家收入的可持续稳定来源，最好的办法是将金银货币投入产业经济发展和商品生产流通中，进而带来国家财政收入和人民货币财富的进一步增加。

曼：我们想听听你实施的政策。

科尔伯特：一国政府税收的增长有赖于社会物质上的繁荣，而这一繁荣和增长离不开对经济的有效管控。这里管控的重点就在于对本土产业发展和出口商业行为的鼓励以及对进口的限制，进而由此带来本国货币财富的积累。我的政策要点可以概括为"一个中心，四个基本点"。

卯卯：我听起来怎么有种熟悉的感觉？

科尔伯特：入乡随俗，看到别人的优点我忍不住要学习一下。

卯卯：请您介绍一下它的含义。

科尔伯特："一个中心"就是以对外贸易为中心，通过贸易顺差实现货币财富的增长。"四个基本点"是指为促进对外贸易发展，以四个方面为政府工作的着力点——发展国内工业、组建殖民公司、建立海军和商贸船队、发展港口和造船业（见图2.3）。

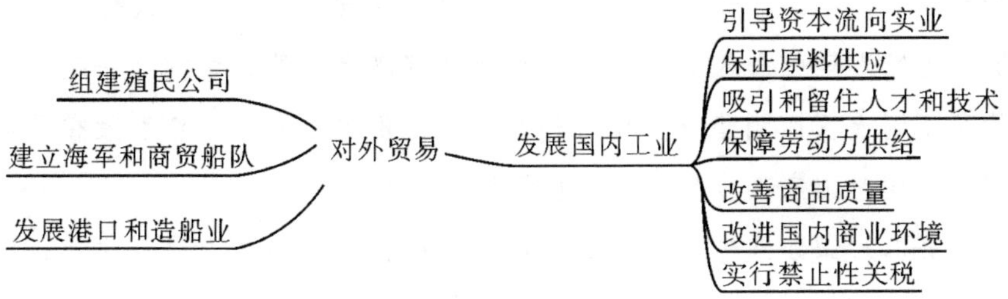

图 2.3 科尔伯特的政策体系

第一点，发展国内工业是政府工作的重中之重，国内工业发展可以为出口提供源源不断的产品，带来持续稳定的财富来源。

第二点，组建多家殖民公司，授予官方垄断权，以加强与东印度、西印度、波罗的海、中东等地区的商业联系，支持对加拿大、密西西比河流域、安的列斯群岛、塞内加尔、马达加斯加等海外地区的探险和拓殖。

曼：你刚才不是说殖民掠夺不可持续吗?

科尔伯特：是的。但是法国作为一个后发国家，需要获取一切可能获取的财富加快发展。殖民地可以提供大量财富，我们为什么要拒绝呢？我们利用殖民地的方式主要是将其纳入法国原料产地和成品市场这一供销网络中，为工业发展和对外贸易提供持久的支持。

第三点，建立海军和商贸船队，商贸船队为对外贸易提供运力支持，而海军则为商船队提供保护。

第四点，发展港口和造船业，为对外贸易运输、商贸船队和海军舰队的发展提供基础设施和产业基础的支撑。

卯卯：您刚才说国内工业发展是重中之重，而且您被称为法国的工业之父，甚至有人因此而把晚期重商主义称为重工主义。请问您是如何发展法国工业的?

科尔伯特：我以七个措施为抓手，发展国内工业。

第一，引导资本流向实业。对私人手工工场进行扶持，激励私人资本进入实业。当时的法国私人资本家普遍更倾向于充当国家债权人和包税人，不愿将资本用于从事实际生产经营活动。为了改变这一状况，国家对率先引入新产业的先行者制定激励政策，如授予一定年限的垄断制造权或销售权、政府补贴资助、税收豁免权、皇室荣誉冠名权等。同时国家直接投资兴办皇家手工工场。

第二，保证原料供应。为保证工业发展所需的国内原料供应，国家鼓励种植纺织原料作物，禁止粮食等农产品出口，鼓励进口农产品等工业原料。

第三，吸引和留住人才和技术。招聘外国企业家和工匠，向这些经营和技术人才提供资金支持、免税待遇、市场特权、宗教宽容等激励条件，并收买可显著提升生产力的商业秘诀、机械工具，还要禁止本国工匠移居海外。

第四，保障劳动力供给。通过鼓励生育、限制神职队伍、减少假日天数、强制无业者做工等方法最大限度地动员劳动力从事生产。

第五，改善商品质量，提高商品国际声誉。在全法国工业企业中推行行会制度，以监督工业；发布改善商品质量的法令，对产品质量实行严格的监管，以此抢占和巩固出口市场。

第六，改进国内商业环境。国内商业是对外贸易的重要辅助，降低国内贸易的成本有助于提升本国产品竞争力。取消繁多的国内关卡和地方关税，于 1664 年建立起实行统一税收制的五大包税区，统一全国税率，以促进商品的国内自由流通和消除税收的不公正；整修道路和桥梁，开凿地中海贯通大西洋的兰格多克运河，改善运输条件。

第七，实行禁止性关税。为了阻止外国制成品进口，保护民族工业，先后于 1664 年、1667 年两次修改关税条例，对英国的羊毛和地毯，比利时的挂毡及荷兰、西班牙的呢绒等外国输入货物课以重税。实施禁止性关税的目的，就是希望使外国商人需要交纳的税收三倍于法国公司，从而完全将他们排除在法国市场之外。

曼：法国人的贸易保护做得挺彻底的。

科尔伯特：彼此彼此，据我所知，英国人做得也不错。为了遏制原料输出，英国曾在14—19世纪上半叶禁止在海岸线五英里范围内剪羊毛；为了限制进口，英国在1666年的《安葬法》中规定，安葬时所用的裹尸布只能用国产厚呢绒；1678年议会要求尸体在下葬时要用羊毛来覆盖，而不得使用进口薄棉布；有一个议案要求所有学生、教职工、法官和律师必须穿羊毛制服；另一个议案要求全体公民必须每年要有六个月的时间穿羊毛；还有一个议案要求每年挣钱低于五英镑的女佣要戴毡帽。到了1721年，英国甚至一律禁止使用或展示任何进口棉布，违者将处以高额罚款并且直接奖励给举报人。

曼：1721年的事情你也知道？

科尔伯特：听说的。像你们的国王那样，我在那边也有一些信息来源。

够了，你们这是在祸国殃民！（**一个微秃的、戴着一副眼镜的先生出来对科尔伯特喝道。**）

曼：你是谁？虽然科尔伯特先生是法国人，但我对他实施的政策还是很欣赏的，他做得很不错啊，你怎么骂他祸国殃民呢？

你们是一丘之貉！（**这位先生激愤地吼道。**）

卯卯：让我介绍一下，这位是重农学派的先驱、法国古典政治经济学的奠基者，比埃尔·布阿吉尔贝尔（P Pierre Le Pesant，sieur de Boisguillebert，1646—1714），曾任鲁昂地方议会的法官和路易十四的经理官。他生活的时代，正是法国经济严重衰败的时期。布阿吉尔贝尔先生，请平复一下心情。您为什么这么激动？

布阿吉尔贝尔：法国被他的政策搞乱了啊！他的经济政策确实让法国的商业一度繁荣，他所吹嘘的工业也有所发展，但是后来大家都抢着去生产奢侈品，于国何益？法国的支柱产业是什么？是农业！农业人口占全国人口的百分之八十左右，农业赋税是政府财政收入的主要来源。可是他的政策让农业衰败，让农民陷入贫困和破产。这不是祸国殃民是什么?!

科尔伯特：你胡说！我重视商业有什么错？无商不富，无工不强，为了国家富强，让农民承受一些损失是不得不付出的代价。

布阿吉尔贝尔：我没有胡说，这是我遍访法国农村和城市后得出的结论。商业的发展是靠牺牲农业得到的，官吏的贪污舞弊更加重了农村的灾难，民不聊生啊！为什么有那么多的贪官污吏？还不是政府对经济的控制给了他们贪污的机会？经济衰退、秩序混乱、物价高涨、民生凋敝，是谁之过？

科尔伯特：我刚才说了，这是国家富强必须要付出的代价，而且只是暂时的，等工商业发展起来，一切都会好起来的。如果不发展工商业，国家怎么富强起来？荷兰可以这么做，英国可以这么做，法国为什么就不行？你为什么对农业情有独钟？

布阿吉尔贝尔：我就是要做农业的辩护人，我愿意做农民的保护神。粮食就是上帝，面包胜过黄金。货币是财富吗？货币既不能吃也不能穿，它只能做交换和支付之用。对货币积累的贪婪是人民贫困和一切罪恶的根源。你们让货币从商业的奴隶变成人们顶礼膜拜的神圣偶像，你们把货币变成追求暴利、进行犯罪活动的工具。当货币积累成为目的，工业和商业也就成了残害一切的刽子手。

一切的财富都来源于土地的耕种。真正的财富是农产品，要使国家强大，首先要使土地能够生产出人民生活需要的大量物品。在法国的产业链条中，农业是各行各业的基础，农业兴则百业兴，农业衰则百业衰。重商政策人为压低农产品价格，破坏了商品交换的正常比例，对各行各业都不利，受害最深的是占全国人口百分之八十的农民。倒买倒卖的商人发了财，勤劳生产的农民破了产，天理何在？为什么不让农民出口粮食？为什么不禁止外国粮食入境？你说荷兰和英国，荷兰和英国有这么多农民吗？它们的农业对国家有这么重要吗？为什么你对数量庞大的农民的利益视若无睹？

卯卯：反方代表一出场，辩论的气氛就出来了。不过现在场上反方力量还太单薄，我要再请一位重农学派的代表。弗朗斯瓦·魁奈

(Francois Quesnay，1694—1774) 是古典政治经济学奠基人之一，法国重农学派的创始人和重要代表，其代表作是《经济表》。魁奈先生，我知道您在医学、哲学和经济学上都有很多贡献，不过今天我们的主题是重商主义，因此请您对重商主义谈谈自己的看法。

魁奈：好的。我认为，重商主义违背了自然秩序，造成了社会混乱和经济衰败。我主张以农立国。

曼："自然秩序"是什么东西？

魁奈：和物质世界一样，人类社会中存在着不以人们意志为转移的客观规律，这就是自然秩序。不同时代，不同国度的各种政治、经济制度和法令规章则是人们建立的人为秩序。如果人们认识自然秩序并按其准则来制定人为秩序，这个社会就处于健康状态；反之，如果人为秩序违背了自然秩序，社会就处于疾病状态。

科尔伯特：人类社会的客观规律是什么？看不见摸不着，难道由你们说了算？

魁奈：当然不是。自然秩序就是自然之道。哦，我的这个想法还是受到中国儒家的启发产生的。伏尔泰先生说过，在这个地球上曾有过的最幸福的且最值得人们尊敬的时代，那就是人们遵从孔子规则的时代。我也有同感。孔子是我最推崇的人之一。

卯卯：听说因为您推崇孔子的思想，被称为欧洲孔夫子？

魁奈：不敢当，孔子的思想为我提供了养分。当时很多有见识的法国人都在学习中国的先进思想。太阳王（路易十四）也曾经给中国的康熙皇帝写过信，他的曾孙路易十五陛下还曾模仿中国皇帝举行农耕仪式。科尔伯特先生，这些是在您去世之后发生的。

科尔伯特：嗯，太阳王是很好学的，他的子孙应该也不差。

魁奈：中国文化里重视农业、尊崇自然的思想给了我启发。我认为，自然秩序就是自然之道。顺其自然，无为而无不为。国家治理如此，对外贸易亦如此。商业自由是符合自然秩序的。重商主义对经济、对贸易的控制要不得。

曼：不控制怎么保证货币财富的增长？

魁奈：货币不是财富，财富是物质产品。一物必须有满足人们一定需要的使用价值，同时在有一定人口的情况下，各人分工生产，相互交换生产物来满足各自的需要，因而具有出卖价值、也就是交换价值时，才成为财富。

财富的来源不是流通而是生产。财富的生产意味着物质的创造及其量的增加。在各经济部门中，只有农业是生产的，因为只有农业既生产物质产品，又能在投入和产出的使用价值中表现为物质财富的量的增加。工业不创造物质而只变更或组合已存在的物质财富的形态，商业也不创造任何物质财富，而只变更其市场的时间和地点，二者都是不生产的。农业中投入和产出的使用价值的差额构成了“纯产品”，是财富的增长。

哥伦布：金银不是财富吗？

魁奈：货币或金银本身绝不是消费性财富，只是贸易的工具。贸易的好处，绝对不是在于从其他国家取得货币。一个国家从对外贸易中取得的财富的增加，并不在于货币财富的增加，而是通过商品交换，满足自己的消费需要。

哥伦布：真是奇谈怪论，竟然说货币不是财富！

布阿吉尔贝尔：我觉得有道理，农业才是一切财富的源泉。没有农产品做原料，工业也无法生产。没有农产品和工业品，你怎么生活？每天吃货币吗？

哥伦布：那你把货币都给我，你愿意吗？

布阿吉尔贝尔：我就是给你了你现在能用得上吗？

曼：我很好奇，为什么经济自由可以增加财富？

魁奈：为了取得最大限度的收获，每个人都会根据对自己的利益、自己的能力和对土地的性质最合宜的产品的判断，来选择如何耕种。国家去管制反而会造成不当种植，在田地里耕种的自由会增加田地的产量。

曼：那为什么要自由贸易？货币流入不好吗？

魁奈：如果是在自由贸易的情况下的自然流入并没有什么不好。可是，如果是通过重商主义的措施带来的货币流入，反而会造成财富的损失。

曼：愿闻其详。

魁奈：自由贸易和竞争可以让人们以更低的价格购买国外的产品，以更高的价格出口农产品，换回更多的其他产品。而管制措施破坏了正常的商品交换比例，违背了自然秩序，扰乱正常的生产活动，会造成财富的减少。在所有商业的交易中，出卖者和购买者是相对立的，但可以根据自己的利益，自由地订立契约。他们自己这样调整的利益是和公共的利益相一致的，因为他们自己是他们的利益的唯一最合适的裁判者。

科尔伯特：但是自由贸易让工业原料价格上升，工业受损了啊。

魁奈：科尔伯特先生，工商业不增加财富。

曼：魁奈先生，既然你觉得重商政策不好，那你们法国去发展农业，搞什么自由经济去吧，我们英国继续实行重商主义。

科尔伯特：不行，这样法国就吃亏了。财富会从法国流向英国。

魁奈：我反对重商政策是为法国经济问题寻找对策的，本来没想管英国的事情。但是，曼先生，英国实行重商主义政策，也是对自然秩序的违背，会通过国际贸易破坏法国的商品交换比例，减少法国的财富，跟法国自己实行重商政策的结果是类似的。所以所有国家的重商政策我们都应该反对。

查理二世：你们管得太宽了吧！

曼：我还是不能认同您的观点。货币是财富是大部分人的共识，您却非要说不是财富，还说工商业不能增加财富。但葡萄牙、西班牙、荷兰、英国、法国都通过贸易变得更富有、更强大，我想这是大家的共识。

科尔伯特：我还要补充一点。重商政策在法国的效果，我认为不像你们刚才说的那么差，相反，在我任职期间，法国的财政收入大幅增加，国力增强，法国因此变成欧洲强国，这是不能抹杀的事实。至于后来的财政困难和经济凋敝，大家不应该忘记太阳王不断对外征战带来的庞大军事开支，还有建造凡尔赛宫，以及几乎每天都举行的宫廷聚会，也耗费甚巨。至于贪污腐败，也不能完全归咎于重商政策，而是执行政策的人出了问题。因此，我认为，重商主义利大于弊，可以改进，但不要放弃。

卯卯：还有一位先生，他对重商主义也是持批判态度的。他就是大卫·休谟（David Hume，1711—1776），苏格兰哲学家、历史学家、经济学家。我们请他谈谈对重商主义的看法。

休谟：我也认为，货币只是人们约定用以便利商品交换的一种工具，它不是贸易机器上的齿轮，而是一种使齿轮的转动更加平滑自如的润滑油。货币或金银数量的多寡只能决定一国的价格水平，因为商品的价格总是与货币的数量成正比例的。一国对于货币的吸引力，取决于该国的经济发展水平，或由其人民勤劳精神决定的生产力。对于一个有人力有工业的国家来说，重商主义者那种对于金银外流的恐慌，就像担心所有的泉源和江河会干涸一样。一国货币与商品总量之间，存在某种自动趋于平衡的机制。当一国出现贸易顺差时，黄金流入，于是货币供给增加，导致价格水平上升，使得本国产品国际竞争力下降，出口减少、进口增加，从而贸易顺差减少，对外贸易恢复平衡；当出现逆差出现时，这个机制就会进行反向调节，黄金外流，货币供给减少，价格水平下降，促使出口增加、进口减少，从而贸易逆差减少，对外贸易仍然会恢复平衡（见图2.4）。因此国际贸易中片面追求贸易盈余，不仅是愚蠢的，而且是注定要失败的。

哥伦布：如果把多余的黄金存起来，不流通，物价就不会上涨了。

休谟：把货币存起来它自己会增殖吗？只有流通才可能增殖。谁会让自己的货币放在那里等着发霉呢？

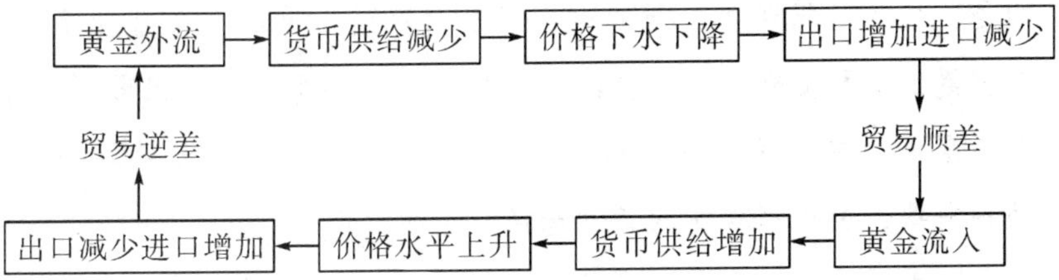

图 2.4 休谟机制

曼：如果对贸易进行干预，国际贸易还会自动趋于平衡吗？如果不能自动平衡，说明重商政策还是能保持顺差，从而增加并保住财富的。

休谟：我承认，人为的干预会破坏自动调节机制，可能暂时使得一国货币增加。可是得到货币并不意味着财富就增加了。对于一个国家来说，劳动产品的储备乃是一切实力和财富的根本。臣民，只要拥有大量的商品，就是富裕幸福的，与贵金属之多寡无关。货币并非财富的唯一化身，也并非衡量一国富裕程度的尺度，一国真正的财富是刻苦勤劳的人民和劳动产品的储备。

卯卯：现在我们回到开头提出的问题，美国指责中国，认为中国利用重商主义的政策产生大量顺差，使得中美贸易严重失衡。美国前总统特朗普说中国占了美国的便宜，但中国不承认自己是重商主义。你们怎样看待这件事情？

休谟：这说明中国也认为重商主义不好啊。

曼：这也说明美国认为重商主义政策可以增加一国财富啊。

魁奈：中国的传统不是重农轻商吗？真的实施重商主义政策了吗？

科尔伯特：从国际政治上看，应该是现在的主流观点认为重商主义不好。所以，中国不会承认自己是重商主义。卯卯，我的推断对吗？

卯卯：是的，从重农学派往后，理论界的主流思想是反对重商主义的，包括现在的中国经济学界的部分学者。

科尔伯特：哦，难怪。对于中美之间的争论，由于我不了解美国这个国家以及中国现在的情况，所以无法进行评论。不过我要再次申明的是，从我任职期间法国的财政经济情况看，重商主义有助于一国快速积累财富和提升国力。虽然可能会产生一些小问题，但瑕不掩瑜。我们不是生活在纯理论的世界里，在实践中我们会面临很多困难，受到种种束缚，要根据现实的条件选择相应的政策。

布阿吉尔贝尔：我赞同要根据一国实际情况选择政策。但是我觉得重商主义是一个错误。

魁奈：通过前面的辩论，各方阐述了自己的观点，你们可以自己进行判断。中国是一个伟大的国度，中国人对农业的重视、以人为本的思想和道法自然的主张，曾给我们重大启发。我相信中国既然能产生像孔子这样伟大的思想家，就一定有能力做出正确的判断。

中国的重商主义问题

贝博士："这个辩论会很好，大家把重商主义、重农学派和休谟机制基本都说清楚了。从亚当·斯密出版《国富论》后，主流经济学对重商主义一直持否定态度。但是在政策实践中，仍有很多国家实施重商主义的政策。当然，后来还出现了变种，叫新重商主义。新重商主义以凯恩斯提出的有效需求不足为理论前提，认为在有效需求不足的情况下，出口能增加一国的有效需求，进口会造成一国有效需求漏损，减少有效需求。因此，为促进经济增长和就业，一国应该采取措施，促进出口限制进口（见图 2.5）。虽然其理论前提与重商主义不同，但政策主张如出一辙。

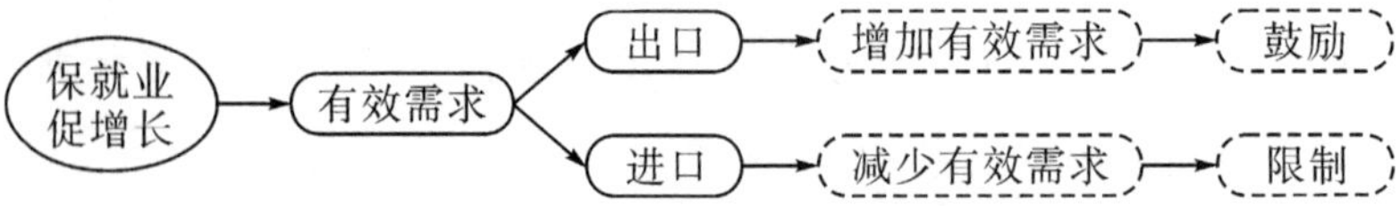

图 2.5　新重商主义的逻辑

“那么，我们中国实行的到底是不是重商主义政策?”

舒心：“我觉得这个不难判断。我们把中国实施的政策对照一下重商主义的主张和历史上的政策实践，就能看出来了。

“中国实施出口鼓励措施，比如出口退税，发展加工贸易，设立出口加工区、保税区等特殊经济区域促进出口。同时，中国也有保护性关税，对国内一些产业进行保护。从资本流动上看，中国鼓励外资流入，对外汇进行管制。从整体上看，在改革开放后的相当长时间内，我们是实行的重商主义政策。中国的国际储备大幅增加，其中绝大部分是外汇储备。按照重商主义的观点看，中国通过奖出限入的措施实现贸易顺差，通过对国际资本流动的奖入限出实现资本净流入，最终实现了财富增长，中国已经是外汇储备第一大国，有一段时间外汇储备规模接近 4 万亿美元，现在虽然有所下降，也有 3 万亿美元。好像我们真的是通过重商主义政策实现了财富增长。”

贝博士：“是的，大家觉得难以接受吗?”

辛乙：“重商主义是损人利己的，中国这样做是不是在国际上有失道义? 怪不得美国大张旗鼓地宣扬中国在对外贸易上是重商主义，居心不良啊。美国是为了占据道德制高点，拉拢其他国家对付中国。”

丁甲：“何止损人利己，按照重农学派的观点，重商主义不但损人，还不利己。”

贝博士：“你有一点看得没错。美国有些人是想把中国置于千夫所指的不利位置。但是，我们需要把这个问题分解为两个方面：实行重商主义对本国有利吗? 重商主义真的是损人利己或损人不利己吗?

“关于第一个方面：重商主义政策对本国有利吗? 我想通过历史和中国的现实，大家能够看明白，重商主义确实有助于一国快速发展，特别是对于落后国家，要想实现对先进国家的赶超，重商主义是一个可选的策略。但是，同时我们也应该看到，重商主义也会引发一些问题。比如，对经济的管制会制约经济的活力；对积累货币（现在主要表现为外汇储备）的过度追求，可能空欢喜一场，因为储备货币会贬值。

“关于第二个方面：重商主义政策真的是损人利己或损人不利己吗？这涉及理论问题。关键还是在于对财富的认识和对贸易作用的认识。如果按照重商主义对财富的认识，确实是损人利己的。因为对外贸易不会改变货币总量，一国顺差必然导致另一国逆差，所以是损人利己。按照重农学派的观点，财富只来源于农业，对外贸易也不创造财富，重商主义政策因违背自然秩序，不但不会增加本国的财富，还会扰乱贸易伙伴社会秩序，造成贸易伙伴的损失。那么，财富到底是什么？贸易对财富的作用是什么？这是我们弄清这个问题的关键。

“首先，什么是财富？”

小易：“不能把货币等同于财富，货币是交易媒介、价值尺度和价值储藏手段，这一点我们都知道。财富是什么呢？应该是能满足人们某种需要的物质产品。”

丁甲：“等等，服务算不算财富？”

辛乙：“应该也算，不过比较特殊，在产出的同时就被消费掉了。”

舒心：“按照魁奈的说法，财富应该同时具有使用价值和交换价值。”

贝博士：“好，搞清楚财富的含义后，我们再来看，重商主义政策如何影响财富。发展工业，提高了生产工业品的能力，也可以为工农业生产提供更好的工具设备，提高生产效率，可以增加财富。积累国际货币，作为价值储藏手段，如果最终能够购买到对应的本国所需物品或服务，当然是积累了财富。国际货币能否视为财富的关键在于其购买力，即兑换为我们需要的东西的能力，就是交换价值。当我们贸易顺差时，相当于国际货币发行国通过贸易，先从我们这里借去东西消费，国际货币是它交给我们的借据，将来我们再凭手里的国际货币，从它那里或别的接受这种国际货币的国家那里，把我们需要的东西买回来。理论上讲，国际货币发行国最终要偿还通过逆差获得的财富。

“贸易顺差是不是减少了贸易伙伴的财富呢？显然不是，从刚才的分析来看，不平衡贸易可以看作跨时交换，顺差国把东西借给逆差国，将来逆差国再用等值的东西还给顺差国，是顺差国用现在的物品交换逆差国将来的物品。在这个过程中，双方都没有受损。”

舒心：“但是，按照新重商主义的观点，逆差造成有效需求减少，会减少就业，这难道不是损失吗？”

贝博士：“对，就业损失当然是损失。但是，就业机会的总量不是给定不变的，是可以通过经济调整创造新的就业机会的。这个问题我们会在以后的学习中更深入地讨论。现在我们从财富的角度看，只要我们改变了对财富的看法，就可以发现重商主义的政策并不一定是损人利己或是损人不利己。”

丁甲：“那就是说，我们可以继续实行重商主义政策喽。”

贝博士：“不，前面的辩论中也提到了，重商主义政策对经济的干预会引发一些问题，比如资源不当配置，这些会造成财富的损失，同时容易引发贸易伙伴的报复。重商主义对财富的影响要根据具体情形判断。经济政策应根据现实情况，权衡利弊，适时调整。当经济落后时，可以通过重商主义的方法，快速积累经济发展所需的资金，提升生产能力；当经济发展水平提高，重商主义的政策造成的一些不利影响积累到一定程度，妨碍了经济的健康发展，就需要及时调整。当前中国已经在积极地调整，取消了一些重商主义的做法。但是，有些问题并不单纯是由重商主义造成的，比如国际收支失衡、外汇储备居高不下，这些问题与当前的国际分工格局和国际货币体系有关。”

对重商主义的初步评价

贝博士：“现在我们回顾一下今天学习的内容，如何评价重商主义？

“重商主义从理论到实践，都有一个发展的过程，从早期的重金主义到晚期的重工主义，随着对经济发展现实的认识深入而不断调整。

“弗里德里希·冯·恩格斯（Friedrich Von Engels，1820—1895）在《政治经济学批判大纲》里评价早期重商主义‘就像守财奴一样，双手抱住他心爱的钱袋，用妒忌猜疑的眼光打量着自己的邻居’。约瑟夫·熊彼特（J. A. Schumpeter，1883—1950）在他的《经济分析史》里给予积极肯定，认为重商主义‘开始为18世纪末和19世纪初形成的国际贸易一般理论奠定基础’。西方主流经济学大约在进入18世纪中叶之后，便抛弃了重商主义。但是在经济政策实践中，直至18世纪末，欧洲各国尤其是英国，仍然实施着系统的重商主义政策，一直到现在，很多国家的经济政策中，或多或少还有重商主义的痕迹。

“从经济思想史上看，重商主义的历史贡献不可磨灭。它开始把整个经济作为一个系统，而把对外贸易看成这一系统非常重要的一个组成部分进行考察；它提出了许多重要概念沿用至今，包括贸易顺差、贸易逆差、贸易平衡、收支平衡等；它关于进出口对国家财富影响的分析，对凯恩斯国民收入决定模型亦有启发，并由此产生了新重商主义。

“其实，贸易的影响是一个复杂的问题，后续的学习中我们还会不断深化。今天我们就到此为止。我们下一次将一起了解亚当·斯密如何分析这个问题。请大家做好预习。”

3

自由贸易 亚当·斯密显身手

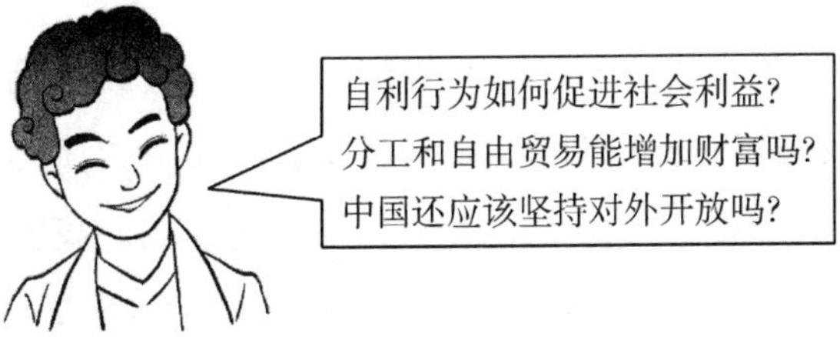

海 报

人物专访：自由贸易的奥秘
受访人物：亚当·斯密（AI模拟）
主持人：贝博士
时间：10月10日19:00—21:00
地点：9号智慧教室
欢迎大家前来参与！

亚当·斯密（1723年6月5日—1790年7月17日），出生在苏格兰法夫郡的科克卡迪（Kirkcaldy），哲学家，经济学的主要创立者，被誉为“经济学之父”。1759年出版《道德情操论》，1776年出版《国富论》。德国思想家卡尔·马克思评论他：“亚当·斯密第一次对政治经济学的基本问题做了系统的研究，创立了一个完整的理论体系。”

亚当·斯密出生时，英国是当时欧洲的先进资本主义国家，不仅是世界贸易的中心，工业上也领先其他国家。18世纪前期，法国和德国尚停留在封建的家庭工业或独立手工业的阶段，而英国已经走入资本主义工场手工业阶段，并且在18世纪60年代率先进行了产业革命，向机器大工业迈进。这位举世闻名的经济学巨匠就生活在英国从工场手工业向机器大工业过渡的时期。通过对社会经济现象的观察和思考，亚当·斯密构建了以自由市场、自由贸易和劳动分工为基础的经济学理论体系，在人类思想画卷上留下了浓墨重彩的一笔。

贝博士：今晚我们请来了亚当·斯密先生，当然不是真人，是我们使用AI技术模拟出来的仿真机器人。他模拟了亚当·斯密本人的知识和思维方式。

为何反对政府干预?

贝博士：斯密先生，您不是第一个提出自由经济观念的人，像重农学派，还有大卫·休谟，都曾经反对政府干预贸易和货币流动。您怎么看他们的观点？您与他们有什么不同？

斯密：是的，我对重农学派的先生们素来敬仰，并且在欧洲游历期间跟他们有深入的交流，他们的观点对我很有启发。而大卫·休谟更是我的挚友，他思想敏锐，我们在很多问题上有相似的观点。我曾经想委托他管理我的遗稿，谁料他竟先我而去。悲痛之下，我把未出版的稿件付之一炬，以免被后人误解、滥用。

如果说我的观点与他们有什么不同，我想应该是我们分析问题的角度不同。我是从人性出发分析人们的行为，得出应推行自由经济和自由贸易的结论。

贝博士：您说的人性是指什么呢？

斯密：人性就是人所具有的共有的内在心理特质，表现为六种自然的动机：自爱、同情、追求自由的欲望、正义感、劳动习惯和交换倾向（见图 3.1）。人类的行为是由这些动机所推动的。

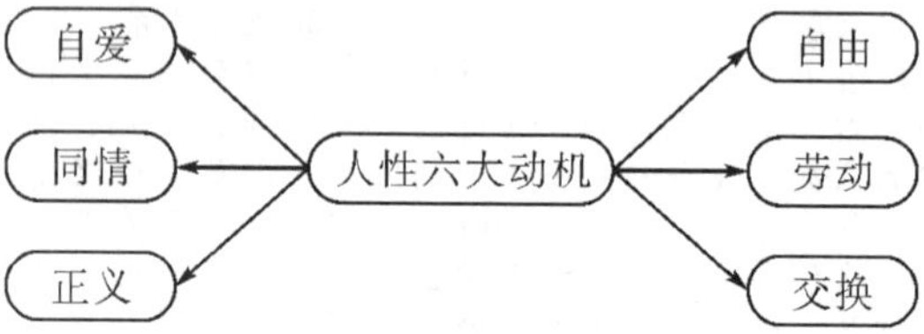

图 3.1　人类行为的六大动机

自爱让人关心自己的利益，我称之为利己心，它是人最根本的天性。既然利己心是人的天性，是自然赋予的，追求个人利益就成了自然之理，追求自利并非不道德之事，对追求个人利益的活动就不应加以限制。

贝博士：如果每个人都只顾追求个人私利，那国家利益怎么办呢？整个社会岂不是乱了套？

斯密：人除了利己心，还有同情心和正义感，会对利己心进行内在的约束。同情是人类最原始的一种情感特质，并且每一个人都具备，无论是高洁的圣人或是卑劣的顽徒，都有同情心。它不仅是人与人之间建立联系的纽带，同时也制约着人们对个人财富和名声的过度追求。

同情具有目的性，它旨在让双方获得情感上的满足，并在此基础上，提高人与人之间对彼此的好感，从而引导和促进人与人之间的交流。尽管每个人都是有私心的，对自己的爱护必定会多过他人，但他们都不会将这种自私的态度表露出来，也不会公开以这种态度行事。否则的话，他将得不到他人的支持，甚至招来敌对的态度。人生存在社会这个大环境之下，必定依赖于他人的支持才能生存和发展。一旦失去他人的支持，人必定无法生存下去。所以，为了获得他人的支持，人们必然会压抑自己的私心，使其下降到他人能够接受的程度。而在本质上来讲，这样做就是为了获得他人的同情。

我们对其他人行为的判断建立在同情共感的基础之上，他人的幸福对于我们而言是必需的。大多数人通常不会以极不正义的方式来追求其利益。人们通常希望生活在一个所有人不受压迫或剥削的社会中。他们希望能够端庄得体。同情心是经济自由体系的基础。

尽管人有各种动机，但社会机制的细致平衡会使一个人的利益不至于与其他人的利益出现强烈的对立，由此而产生的自利行动也必然在个人的利益追求中考虑到其他人的利益。

贝博士：虽然同情心会让人克制利己心，但个人利益和他人利益还是存在矛盾的，不是吗？怎么处理个人利益和他人利益的矛盾呢？

斯密：个人利益与他人利益不一定是矛盾的，它们可以是一致的。利己不一定非要损人，还可以通过利人来利己。人具有劳动习惯和交换倾向，人们用自己劳动生产的东西跟别人交换，大家都得到自己需要的东西。这是利人利己的，这样的社会就是一个和谐的社会。

贝博士：您所描述的和谐社会是建立在人们的道德自律的基础上的，人们用同情心和正义感约束自己的利己心，避免损人利己，通过劳动和交换利人利己。可是只依靠道德自律靠谱吗？我们知道，社会上总会有一些人道德水平不怎么高，喜欢干损人利己的事。

斯密：当然不能单纯依靠道德自律。人们的行为还有外在的约束，最重要的就是市场机制。

贝博士：您刚才讲到的交换应该就属于市场机制吧？

斯密：对。当可以通过市场机制实现利人利己时，损人利己的行为必然受到抑制。同时，市场竞争也会对人们的行为进行约束，一个过分追求私利的人，会被更懂得利人利己的竞争对手淘汰掉。市场机制就像一只看不见的手，引导人们在追求自身利益时不知不觉地促进整个社会的利益。

例如，有段时间中国猪肉供应短缺，价格上涨得比较多。价格上升会使生产者获得较高的利润，由于利润高，会有更多的生产者，包括国外的生产者，提供猪肉，来竞争高额的利润。供应增加会缓和原来的短缺状况，并且随着各个生产者之间的竞争，供应增长会使猪肉的价格降到“自然价格”即其生产成本。在这个过程中，谁都不是有目的地通过消除短缺来帮助社会，但是最终短缺问题却解决了。私利与公益在市场机制的引导下，走向和谐统一，这就是自然秩序的本质。

贝博士：所以猪肉价格能很快就下降吗？

斯密：这个时间不好说，要看市场机制运行是否顺畅。自由的社会经济体制是市场经济得以顺利运行的基本条件。

贝博士：也就是说政府不能进行任何的干预，才能保证经济健康运行，实现个人和社会的共同利益？

斯密：不，我不是绝对反对政府干预，而是认为政府的行为应该有边界，不能干涉本应由市场发挥作用的领域。监督、指导私人产业，使之符合社会利益，所需信息量过于庞大，操作过程过于复杂，对于政府来说是一件不可能完成的任务，极易陷入错误。对于一般经济事务，政府无须干预，可以放心地让每一个人按照自己的方式自由行动，他自然会对公共利益做出最大的贡献。

如果自由竞争受到阻碍，市场机制就无法发挥其引导作用。如果这种阻碍是政府政策造成的，政府就应该取消其不当政策，停止干预。如果这种阻碍不是政府造成的，政府就应该通过适当的方式消除这种障碍。

贝博士：因此，政府应该在那些市场机制无法正常发挥作用的领域起作用。具体来说，有哪些领域呢？

斯密：君王与政府应在四个方面发挥作用：一是建立国防，保护社会，使其不受其他独立社会的侵犯；二是建立公正的司法体系，尽可能保护社会上每个人，使其不受社会上任何其他人的侵害或压迫；三是建设并维持某些公共事业及某些公共设施，这种事业与设施在由政府经营时，其利润通常能补偿所费而有余，但若由私人经营则无法盈利甚至会亏损；四是制止破坏市场竞争的垄断行为出现。

贝博士：就是说政府应该有所作为，有所不为。政府在经济领域的主要职责是保障市场机制正常运行。个人的自由也不是无条件的，当追求个人自由危及他人正当权利时，政府应通过法律予以惩罚。

斯密：对，法律不是保护个别人或少数人的自由，而是保护全体国民的正当权利。对于损人利己的不道德行为，政府必须予以惩罚，促使其回归正确轨道。

贝博士：这也是对个人行为的外在约束。

斯密：对，不过内在的道德约束才是最根本的（见图 3.2）。

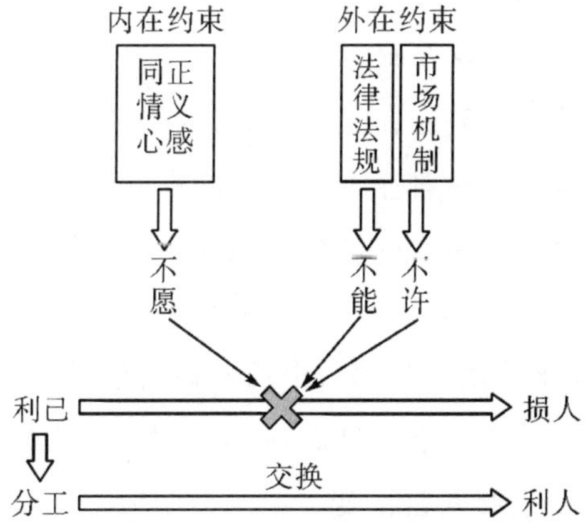

图 3.2 自利如何实现整个社会利益

为何要分工？

贝博士：斯密先生，刚才您说到每个人用自己生产的东西跟别人交换，从而实现利人利己。这里面好像有点逻辑问题，即怎么保证这种交换对双方都是有利的？如果不能做到对双方都有利，那么人们的利己心将使得交换无法进行下去。

斯密：不错，通过交换实现利人利己的前提是交换比自己生产更有利，而这一点的实现有赖于劳动分工。我们来看一下其中的逻辑。

在社会生活中，人们几乎随时随地都需要他人的协助，要想获得这种协助，仅仅依赖他人的恩惠，那是一定不行的。如果你能够刺激他们的利己心，使协助有利于他们，并告诉他们，给你做事，是对他们自己有利的，这样邀请他人协助就变得容易多了。我们每天所需的食物和饮料，不是出自屠户、酿酒师或面包师的恩惠，而是出于他们自利的打算。我们不说唤起他们利他心的话，而说唤起他们利己心的话。我们不说自己有需要，而说对他们有利。这样，利己心和利他心就统一了起来，人们之间就可以做到相互帮忙。我们所需要的相互帮忙，大部分是通过契约、交换和买卖取得的，当初促使分工产生的也正是人类要求互相交换这个倾向。

分工为什么既可以利己，又可以利他呢？人们发现通过分工可以提高生产力，比自己什么都生产要好，同样的劳动投入可以产出更多的产品。比如，有甲乙两人，均会捕鱼和织布。甲半天捕鱼 4 条，半天织布 5 米；而乙半天捕鱼 2 条，半天织布 8 米，则一天内甲乙共捕鱼 6 条、织布 13 米。现在分工，甲乙各做自己擅长之事，即甲捕鱼、乙织布，则两人共捕鱼 8 条、织布 16 米。甲乙两人的劳动投入并没有增加，各自的劳动生产率也没变，但产出增加了，原因在于两人按各自所长分工，优化了劳动资源配置，提高了整体的效率。然后甲用自己消费剩余的鱼交换乙消费剩余的布，双方均能从中获益（见图

3.3)。分工的好处在于激励大家各自投身于一种特定业务，使他们在各自的业务上，磨炼和发挥各自的天赋资质或才能。

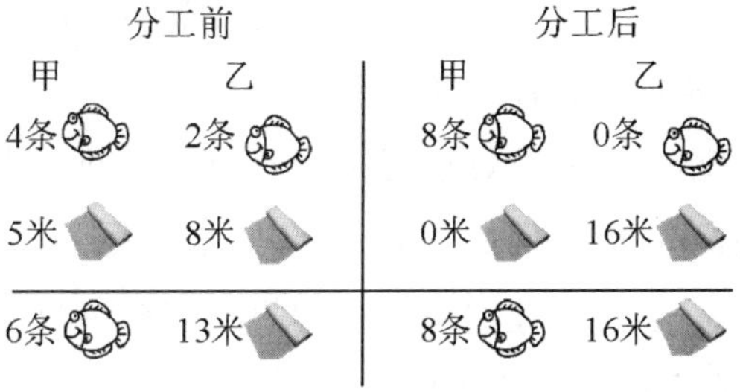

图 3.3　分工能增加产出

贝博士：人们按照各自的天赋才能进行分工，然后交换产品，因为这种分工提高了整体的效率，增加了产出，使得交换能对双方都有利，所以，前面的逻辑就通了。

斯密：对。不过人们天赋才能的差异，实际上并不像我们所感觉的那么大。人们壮年时在不同职业上表现出来的极不相同的才能，在多数场合，与其说是分工的原因，倒不如说是分工的结果。由于从事极不相同的职业，人们才能的差异随着时间的推移逐渐增大。人类如果没有互通有无、物物交换和互相交易的倾向，每个人就都必须亲自生产自己生活中的一切必需品和便利品，而一切人的任务和工作全无分别，那么工作差异所产生的才能的巨大差异，就不可能存在了。

有了分工，相同数量的劳动者就能完成比过去多得多的工作量，其原因有三：第一，劳动者的技巧因业专而日益精进，就像中国民间故事里的卖油翁那样；第二，由一种工作转到另一种工作，通常会损失不少时间，有了分工，就可以免除这种损失；第三，分工后，每个人的全部注意力自然会倾注在一种简单事物上，促使简化劳动和缩减劳动的机械出现，使一个人能够做许多人的工作。

贝博士：就是说即使起初人们的才能没有差别，分工也会使人们的才能出现差别，并且分工通过以上三个途径使劳动生产率也得到提高，这会使得产出进一步增长。

斯密：是的。人们才能的差异是分工前就有的还是分工后形成的，对分工的作用没有太大影响。劳动分工促使产出增加，推动资本积累和就业的增加，实现社会各阶级的普遍富裕。

贝博士：您刚才说分工可以促进节省劳动时间的机械的出现。新产品的发明和新行业的出现是不是跟分工也有关系？

斯密：新产品和新行业的出现虽然不是完全由分工造成的，但分工在其中也起到了很大作用。正是由于分工，人们不需要整日忙碌于各种生活必需品的生产，有空思考新的东西、发明创造新的东西。

贝博士：也就是说，分工丰富了人们的消费选择和职业选择。

斯密：是的。人们通过分工和交换，把各种才能所生产的各种不同产物，结成一个共同的资源，每个人都可以从这个资源中随意购取自己需要的别人生产的物品。当然新产品的出现会使得这个共同的资源更加丰富。

自由贸易有何好处？

贝博士：关于贸易的好处，重商主义和重农学派都有他们的理解。您认为贸易的好处是什么？

斯密：我的理解，所谓贸易利益或利得，不是金银数量的增加，而是一国土地和劳动年产物交换价值的增加，或是一国居民年收入的增加。金银的输入，不是一国得自国外贸易的主要利益，更不是唯一利益。

从对外贸易中可以得到两种不同的利益。

第一，输出他们所不需要的土地和劳动年产物的剩余部分，换回他们所需要的其他物品。通过以剩余物品换取其他物品来满足他们一部分的需要并增加他们的享受，这种贸易使剩余物品有了价值。

第二，贸易促进专业化的加深。我在前面已经说过，人们愿意交换是因为他发现有利可图。如果一件东西在购买时所付出的代价比在家里生产时所付出的小，人们就永远不会想要在家里生产它，这是每一个精明的家长都知道的格言。裁缝不想制作他自己的鞋子，而向鞋匠购买。鞋匠不想制作他自己的衣服，而雇裁缝制作。农民不想缝衣，也不想制鞋，而宁愿雇用那些不同的工匠去做。他们都感到，为了他们自身的利益，应当把他们的全部精力集中使用到比邻人处于某种有利地位的方面，而以劳动生产物的一部分或同样的东西，即其一部分的价格，购买他们所需要的其他任何物品。

贝博士：您能不能从国家层面进一步阐述贸易的作用呢?

斯密：可以。既然分工在每一个私人家庭的行为中是精明的事情，那么它在一个国家的行为中就不会是荒唐的。如果外国能以比我们自己制造还便宜的商品供应我们，我们最好就用我们擅长的产业生产出来的物品的一部分与他们交换。要是把劳动用来生产那些购买比自己制造还便宜的商品，那一定不是用的最为有利的方式，一定会或多或少减损其年产物的价值。

分工的程度要受交换能力大小的限制，换言之，要受市场广狭的限制。市场要是过小，那就不能鼓励人们终生专务一业。因为在这种状态下，他们不能用自己劳动生产物的消费剩余部分，随意换得自己需要的别人劳动生产物的消费剩余部分。

如果没有广阔的国外市场，那在幅员不大仅能提供狭小国内市场的国家，或在国内因各地区交通不方便而使国内某地生产物不能畅销国内各地的国家，制造业就没有好好发展的可能。必须记住，制造业的完善，全然依赖分工，而制造业所能实行的分工程度，又必然受市场范围的支配。

因此，从国家层面看，对外贸易突破了国内狭小市场的约束，给国内消费不了的那一部分劳动成果开拓了一个比较广阔的市场，这就可以鼓励人们去改进劳动生产力，竭力增加他们的年产物，从而增加社会的真实财富与收入（见图 3. 4）。

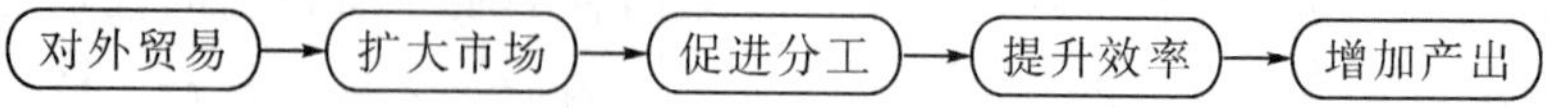

图 3. 4　贸易利益

贝博士：斯密先生，有一种说法，得自美洲的金银对欧洲的富裕起了很大的作用，是西欧兴起的原因。您怎么看？

斯密：我承认，美洲的发现确实使欧洲变得富裕了，但这并非缘于金银的输入。美洲的发现对欧洲最重要的意义是给欧洲各种商品开辟了一个无穷的新市场，从而使欧洲有机会实行新的分工和提供新的技术。在以前通商范围狭隘、大部分产品缺少市场的时候，这是绝不会有的现象。欧洲的商品对美洲来说几乎都是新奇的，美洲的许多商品对欧洲来说也是新奇的，于是发生了一系列以前从未想到过的新的交易。这些交易促进了劳动生产力的改进，欧洲各国的产品增加了，居民的实际收入和财富也跟着增加了。它当然对旧大陆有利，但对新大陆也同样有利。但是，由于欧洲人蛮横地侵害别人的权利，一件本来对所有国家都是有利的事情，却成为若干不幸的国家遭到摧残和破坏的根源。

贝博士：欧洲也在跟亚洲开展贸易，而且开展得更早，是不是对欧洲的富裕有更大的促进作用？

斯密：按理说的确应该如此，因为文明富国间交易的价值，总会比文明富国与未开化地区交易的价值大得多。历史上欧亚之间的贸易也的确促进了各自的富裕，但是中间有一段漫长的时间，欧洲与亚洲东部的直接贸易中断了。在大航海时代之后，欧洲与亚洲的贸易主要在东印度开展，但葡萄牙人独占东印度贸易几乎一百年之久，其他欧洲国家要把任何货物运到东印度去或从东印度购入任何货物，都必须经葡萄牙人之手。17 世纪初叶荷兰人开始侵入东印度时，他们把全部东印度的商业交由一家独占公司经营，也就是荷兰东印度公司。随后，英国人、法国人、瑞典人和丹麦人都仿效荷兰人。所以，欧洲任何大国都没有享受到对东印度自由贸易的利益，这也是我们观察到的事实——欧洲从美洲贸易所得的利益一向比它与东印度通商所得的利益大得多，原因就是贸易垄断减少了贸易利益。欧洲与亚洲的贸易之所以不如与美洲的贸易有利，就是因为欧洲每个国家对其在美洲所属殖民地的贸易几乎是其一切臣民可以自由经营的。

东印度的贸易为欧洲商品开辟了一个市场，实际上也确实有效地增加了欧洲商品的年产量，给欧洲带来了财富和收入。但它们最后增加得很少，也许就是除东印度公司所在国家以外的其他欧洲国家在东印度的贸易处处受到限制的缘故。

贝博士：这种对贸易的限制降低了欧洲与东印度市场之间的交换能力，不利于深化分工。

斯密：没错。

如何看待重商主义?

贝博士：重商主义和重农学派关心的也是如何增加一国财富。您的理论与它们有什么不同?

斯密：虽然同样关注国民财富问题，但我与他们在财富的标准和致富的方式等方面有不同的认识。我认为国民财富不是金银货币，也不仅是农业生产的“纯产物”，而是国民每年劳动生产的物品，即国家所拥有的全部交换价值。一个人是贫是富，就看他能在什么程度上享受人生的必需品、便利品和娱乐品。但自分工完全确立以来，各人所需要的物品，仅有极小部分靠自己劳动，很大部分是靠他人劳动。所以，他是贫是富，要看他能够支配多少劳动，换言之，要看他能够购买多少劳动。一个人占有某货物，但不愿意自己消费，而愿意用以交换他物，对他说来，这货物的价值，就等于货物能购买或能支配的劳动量。因此，劳动是衡量一切商品交换价值的真实尺度。世间一切财富，都是用劳动购买而不是用金银购买的。所以，对于占有财富并愿用以交换一些新产品的人来说，它的价值等于它能够购买或支配的劳动量。

贝博士：也就是说您认为重商主义的财富观和致富方法是错误的？您能给我们具体说一下您的依据吗？

斯密：是的。重商主义错误地把货币等同于财富，把增加金银作为国家工商业的主要目标。任何一个国家的金银数量都受金银实际用途的限制，或是铸成硬币当通货使用，或是制成器皿当家具使用。无论在哪一个国家，铸币量都受国内借铸币而流通的商品的价值的支配。如果商品的价值增加了，立刻就会有一部分商品被运到有金银铸币的外国，去购买为流通商品所必须增加的铸币量。

贝博士：您所说的购买就是指出口商品换回金银吧？

斯密：是的。金银就像一切其他商品一样，必须以一定的价格购买；又因为它们是其他一切商品的价格，所以其他一切商品也都是金银的价格。出资购买的金银超出必要的量，也必然会减少用于衣食住行和用于维持人们生计的财富。必须记住，金银不管是铸成硬币还是制成器皿，同厨房用具一样，都是器具。如果增加金银的用途，增加可以用金银来流通、支配和制造的可消费的物品，就一定会增加金银的数量；但是，如果你想用非常的手段来增加它们的数量，那就一定会减少它们的用途，甚至会减少它们的数量，因为金银的数量必须受其用途的限制。如果金银累积得超过所需的数量，那么由于金银的运输比较容易，而闲置不用的损失又是那么大，任何法律也不能防止其立即被输出国外。

贝博士：重商主义对金银缺乏的担心没有道理吗？

斯密：自由贸易无须政府注意，也总会提供我们所需要的葡萄酒；同样，自由贸易总会按照我们所能购入或所能使用的程度，给我们提供用以流通商品或用于其他用途的全部金银。

当一国所输入的金银数量超过有效需求时，无论政府怎样保持警惕也不能阻止其输出。西班牙和葡萄牙的严刑峻法，并没能阻止金银外溢。从秘鲁和巴西源源而来的金银输入，超过了这两个国家的有效需求，使金银在这两个国家的价格降低到邻国之下。反之，某国的金银数量如果不足以供应其有效需求，该国的金银价格就会被抬高到邻国之上。这时用不着政府操心去输入金银，金银会自然地从其价格低的国家流入价格高的国家，即使政府竭力禁止金银输入，也绝不可能阻止得了。

一个有能力购买金银的国家，在任何时候缺乏金银，想要补足，都比补足其他任何商品更方便。如果制造业的原料不足，工业必陷于停顿。如果粮食不足，人民必忍饥挨饿。但如果货币不足，则既可代之以物物交换，又可赊账买卖而每月或每年清算一次，更可用调节得当的纸币来加以弥补。第一种方法很不方便，第二种方法就比较方便了，至于第三种方法，则不但方便，而且有时还会带来一些利益。所以，无论就哪一点来说，任何一个国家的政府对于保持或增加国内货币量的关心，都是不必要的。

贝博士：早期重商主义强调控制金银流动，晚期重商主义已经修正了这个观点，改为控制贸易差额了。您对它的批评还成立吗?

斯密：虽然晚期重商主义修改了政策主张，但是其最终目标仍然是增加一国的金银货币量。晚期重商主义的主张变成尽量减少供国内消费的外国商品的输入，尽量增加国内产品的输出。因此，使国家致富的两大手段就是限制商品输入和奖励商品输出。政府的注意力，从对金银输出的监视，转到对贸易差额的监视，而把贸易差额看作能够引起国内金银数量增减的唯一原因。他们放弃了一种毫无结果的监督，转向另一个更为复杂、更为困难但却是同样毫无结果的监督。

重商主义为了增加出口往往通过制定商业条例促进一些产业的发展，以为这样可以增加出口。但任何商业条例都不能使任何社会的产业量的增加超过其资本所能维持的限度。它只能使本来不纳入某一方向的一部分产业转到这个方向来。至于这个人为的方向是否比自然的方向更有利于社会，却不能确定。

关于把资本用在什么种类的国内产业和怎样使生产物能有最大价值等问题，由于关乎切身的利益，资本所有者其实能判断得比政治家好得多。每个人都不断地努力为他自己所能支配的资本找到最有利的用途。固然，他所考虑的不是社会的利益，而是他自身的利益，但他对自身利益的追求必然会引导他选定最有利于社会的用途。当然，这要求市场机制运行良好，这一点我已经在前面做过阐述。

使国内产业中任何特定的工艺或制造业的生产物独占国内市场，就是在某种程度上指导私人应如何运用他们的资本，而这种管制几乎毫无例外必定是无用的或有害的。其原因在于，如果本国产业的生产物在国内市场上的价格同外国产业的生产物一样低廉，市场机制自然就会选择这种产业，这种管制显然无用；如果价格不能一样低廉，那么一般地说，这种管制会造成总产出的减少，必定是有害的。所以，上述管制的结果就是，国家的劳动由较有利的用途改到较不利的用途，其年产物的交换价值，不但没有增加，而且一定会减少。

贝博士：但是这些政策可以更快地发展制造业啊。

斯密：诚然，由于有了这种管制，特定制造业能比没有此种管制时更迅速地建立起来，而且待其成熟后，能在国内以同样低廉或更低廉的成本制造特定产品。不过，虽然社会的劳动由于有了此种管制，可以更迅速地流入有利的特定用途，但国家的劳动和收入总额都不能因此而增加。社会的劳动只能随社会资本的增加而成比例增加，社会资本的增加又取决于社会收入的增加。而上述那种管制的直接结果是减少社会的收入，凡是减少社会收入的措施，一定不会迅速地增加社会的资本；要是听任资本和劳动寻找自然的用途，社会的资本自然会迅速地增加。

没有那种管制，特定制造业虽不能在这社会上很快建立起来，但社会在其发展的任何时期内，并不会因此而更贫乏。在社会发展的一切时期内，其全部资本与劳动，虽然投入的对象不相同，但仍可能投入在当时最有利的用途。在一切时期内，社会总收入如果是资本所能提供的最大收入，那么社会资本与收入也会以最大的速度增加和积累。

贝博士：谢谢斯密先生。这里要提醒各位同学，斯密先生所处的时代与现在的经济和技术环境有很大不同，比如规模经济的广泛存在、技术和产业发展的外部性、国家之间日益加剧的技术和产业竞争等。现在各国普遍存在产业政策，在分析其是否合理时要考虑这种差异。因此，我们在学习斯密先生的思想观点时不能盲目照搬哦。

斯密：是的，重要的是分析方法。在分析现实问题时，我的思想观点只是给大家提供一个基础和参考。

中国应该坚持对外开放吗？

贝博士：今天到场的同学有没有什么问题要跟斯密先生交流？

小易：斯密先生，我想向您请教一个现实问题。当前中美贸易战已经持续了一段时间。美国指责中国在贸易中占美国的便宜，因此对中国部分输美商品加征关税，并对部分产业停止提供关键零部件和技术。您认为美国的指责和做法对吗？

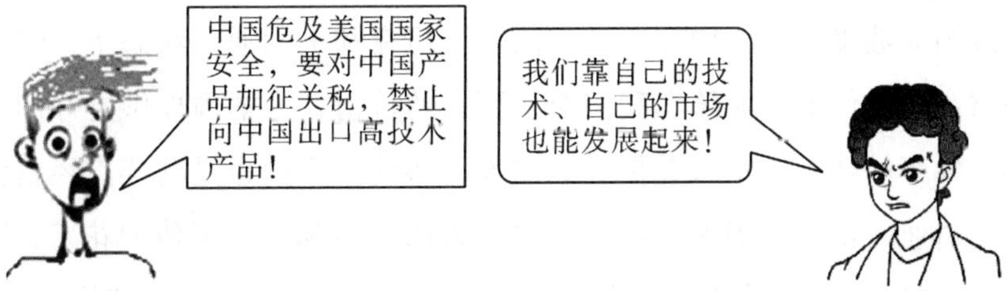

斯密：我觉得这种指责是荒谬的，这种限制措施是害人害己。自由贸易是互利共赢的。如果两地贸易额平衡，而且两地间的贸易，全由两国国产商品的交换构成，那么在大多数场合，贸易双方不仅都会得利，所得利益也必接近相等。由于两国间所交换的商品的价值相等，大多数情况下两国投在这种贸易上的资本也必然相等，而且这些投入的资本都是用来生产两国的国产商品，所以，两国居民由此种分配而得的收入与就业也必然相等。

如果贸易不平衡，即一国以货币而不是本国国产商品购入另一国的货物，该国就会出现逆差。不过，虽然这种贸易没有给本国居民提供收入与就业，但是国家获得了商品用于国内生产和消费。在任何国家，人民大众的利益总在于而且必然在于以最低廉的价格购买他们所需要的各种物品。国家出现逆差，说明本国不能提供更便宜的商品。如果政府强行限制进口，对人民大众的利益无疑是一种损害。至于停止产业合作，导致分工的倒退，更是害人害己。

丁甲：美国有一种观点，认为中国经济发展对美国是威胁。您怎样评价这个观点？

斯密：这跟当初那些重商主义的观点很像啊。依据这样的原则，各国都认为他们的利益在于使一切邻国变得穷困。各国都嫉妒与他们通商的国家的繁荣，并把这些国家的利得，看作他们的损失。国际通商，跟个人通商一样，原本应该是团结与友谊的保证，现在，却成为不和与仇恨的最大源泉。在战争或政治上，邻国的财富，虽对本国有危险，但在贸易上，则肯定对本国有利。在战时，敌国的财富，或可使敌国能够维持比本国强大的海陆军。但在和平的通商状态下，邻国的财富，必使他们能够和我们交换更大的价值，为本国提供更好的市场。勤劳的邻近的富人是更好的顾客，邻近的富国也是这样。经营同种制造业的富人，固然是邻近各同业者的危险邻人，但他的花费，可给邻近的其他人提供好的市场，所以，对绝大多数邻人是有利的。

当然，富国的制造业者，无疑会成为邻国同种制造业者极危险的竞争者，但这种竞争，却有利于人民大众。并且富国的消费必能在其他方面，给人民大众提供良好的市场，使他们得利。邻国的富裕乃是本国可能获得财富的原因和机会。

舒心：现在中国国内有一种观点，认为既然美国通过设置贸易壁垒、技术封锁等种种措施遏制中国发展，干脆我们就独立自主、自力更生，完全靠自己，我们也可以发展得很好。您觉得可行吗?

斯密：为什么不对外开放呢?因为美国不讲道理，所以你就要证明给他看，自己单干也能发展得很好。这是什么思维逻辑?用别人的错误惩罚自己吗?

清朝时我就说过，中国幅员那么广大，居民那么多，气候各种各样，因此各地方有各种各样的产物，各省间的交通大部分又是极其便利，所以单单广大的国内市场就能够支持很大的制造业，并且容许很可观的分工程度。就国土面积而言，中国的国内市场，也许并不小于全欧洲各国的市场。假设能在国内市场之外，再加上世界其余各地的国外市场，更广大的国际贸易必然能大大增加中国制造品需求量，极大地改进中国制造业的生产力。但是当年中国很少开展对外贸易，这是中国落后的一个重要原因。中国人应该吸取历史上闭关锁国的教训。

贝博士：感谢斯密先生今天给我们答疑解惑。

4

比较优势 天生我材必有用

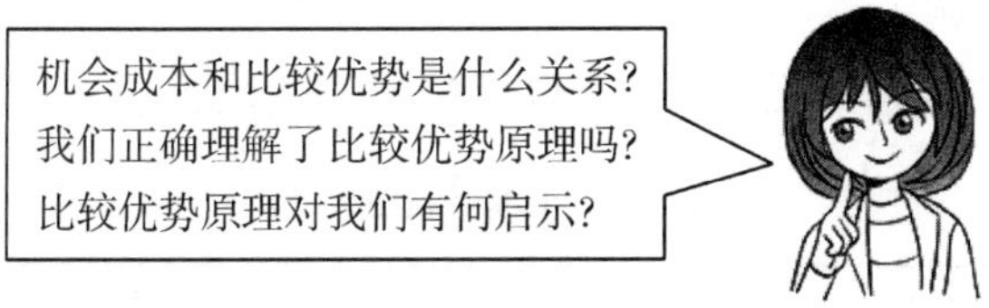

机会成本

“小易，按照你妈妈的安排，今天我做了清蒸鲢鱼、红烧牛肉和清炒莲菜。抓紧吃吧，凉了就不好吃了。”

“好的，谢谢张阿姨。”

小易家里除了周末，平时都是请家政公司的张阿姨做饭。小易感觉张阿姨做的饭菜还可以，但是没有妈妈做的好吃。他想起贝博士布置的预习任务，让大家寻找生活中使用比较优势的例子。这是不是一个例子呢？小易感觉一下抓住了什么，赶紧放下筷子，找了一张纸写了起来：请张阿姨做饭每天支付 100 元，妈妈虽然更会做饭，但是回家做饭耽误工作，甚至可能因此丢了工作，损失分摊下来大概每天 500 元，两害相权取其轻，还是请张阿姨做饭更划算。

“小易，快点吃饭，菜都要凉了。”奶奶在餐厅里喊。

“来了。”小易兴奋地把纸折好装起来，心里很期待下一次课。

贝博士迈着轻快的脚步进入教室，看到满教室的同学期待的脸庞，脸上不禁浮现开心的笑容。

“大家好，今天我们的主题是比较优势理论。”上课铃声刚结束，贝博士就用洪亮的声音宣布今天上课的内容。

“我已经提前让大家预习比较优势理论，并收集生活中的关于比较优势的例子。下面先请大家讲一讲你们找到的例子。”贝博士看见了小易高高举起的手。“小易，你先来吧。”

小易上台画了一张表（见表 4. 1），把他们家做饭的例子讲了。结论是请家政做饭有比较优势，所以请张阿姨做饭。

表 4. 1　小易的成本分析

选项	成本
上班	100 元
做饭	500 元

“小易能从身边的事例思考，值得表扬。请小易回到座位上。大家觉得小易讲的有问题吗?”

“我觉得好像没有说清楚比较优势。”舒心站起来说。

“哦，那你觉得应该怎么说呢?”

“我觉得应该从机会成本的角度分析（参见表 4. 2）。”

表 4. 2　舒心的成本分析

选项	预期收益	机会成本
上班	500 元	100 元
做饭	100 元	500 元

小易：“我也想过用机会成本，但后来我觉得太绕，不如直接说成本来得方便。”

“你知道为什么用机会成本这个概念吗?”贝博士问小易。

“我也不知道，只是看教材上这样用。”小易挠挠头。

“为什么要用机会成本这个概念? 我们先来看看机会成本的定义。我们先看经典教科书的定义。曼昆的《经济学原理》中这样定义：一种东西的机会成本是为了得到这种东西所放弃的东西。

“斯蒂格里茨在他的《经济学》中认为，将一种资源用于某种用途就意味着它不能用于其他用途。因此，在我们考虑将一种资源用于某种用途时，我们应该考察可供选择的次优用途。这种次优用途就是机会成本的正式度量。

“从他们的定义中可以看出，机会成本是由选择产生的，一种经济资源往往具有多样用途，选择了一种用途，必然要丧失其他用途的机会，后者可能带来的最大收益就成了前者的机会成本。所以机会成本又称为选择成本。”

“最大收益是什么意思？”丁甲问。

“因为选择可能超出两种。小易的例子中只有两个选择，因此我们做一个选择的机会成本就是放弃的另一个选择的预期收益。但是当选择超出两种时，我们做一个选择意味着放弃的选择不止一个，每一个选择都有其预期收益，只有放弃的最大的那个才是我们这个选择的机会成本。我们看一个例子。假如小易妈妈除了上班、做饭，还可以选择做证券投资，投资的每天预期收益是 200 元，那上班的机会成本就是 200 元，而选择投资和做饭的机会成本都是 500 元。”贝博士解释道。

“我还是不明白为什么要用机会成本，而不是直接用收益或成本。”小易困惑地说。

“要理解这一点，就要说到利用机会成本概念进行经济分析的前提条件：一是资源是稀缺的，使用资源要付出代价；二是资源具有多种用途，且资源可以自由流动，意味着资源使用有选择性；三是资源已经得到充分利用，没有闲置的资源，要做一件事情需要的资源必须从其他用途上转移过来，以牺牲其他用途收益为代价。所以，当我们使用机会成本这个概念时，要考虑到资源的稀缺性和选择性，以及资源是否充分利用，还要考虑选择的代价。这是一般的成本和收益概念所不具备的。

“比如刚才小易举的例子，小易妈妈的三个选择实际上隐含着一个假设前提：她在每一个选择上投入的资源——她的时间和精力都是一样的，都会耗尽她的资源。现在我们考虑另一种可能，她做饭或做证券投资不需要花费全部精力，可以利用做饭的间隙做投资，或利用做投资的间隙做饭，这样一来上班的机会成本就是 300 元。”

“那做饭和做投资的机会成本分别是多少呢？还是 500 元吗?”舒心问。

“不是，应该看同样的时间投入，上班的预期收入是多少。假如五分之四的时间用于做投资，五分之一的时间用于做饭，那做投资的机会成本对应上班预期收入的五分之四，即 400 元，做饭的机会成本对应上班预期收入的五分之一，即 100 元。”

“明白了，考虑机会成本时，应该计算同样的资源投入在不同用途上的预期收益。我从网上看到一个例子：小王有一张歌星毛毛今晚演唱会的免费门票，这张票不能出售、不能转让，要么自己看，要么浪费掉。可另一位歌星依依也在同一时间开演唱会，她的演唱会票价为 400 元。小王看依依演唱会的心理承受价格是 500 元。换言之，要是依依的票价高过 500 元，小王就情愿不看了，哪怕没别的事要做。除此之外，看两人的演出并无其他成本。问小王去看毛毛演唱会的机会成本是多少？按照您刚才的讲解，我觉得应该是 100 元，对吗?”舒心问。

“对，在看依依演唱会时要多出一笔 400 元的投入，我们计算机会成本时两个选项上的投入应该相同，所以要把这笔额外投入从该选项的预期收益中扣除。这里没有告诉我们小王对毛毛演唱会的支付意愿，即预期收益是多少，我们用 X 来代替，如果 X>100，小王会选择毛毛，反之则选择依依（参见表 4.3）。”贝博士很高兴舒心这么快就理解了。

表 4.3　观看演唱会的机会成本

选项	预期收益	机会成本
毛毛	X 元	100 元
依依	500 元	X 元

比较优势

“也就是说，机会成本可以帮助我们做选择时考虑得更全面一些?”小易说。

“是的，机会成本是面向未来的，是尚未发生的，与一般的成本和收益要区分开。我们回到小易的例子。虽然我们改变了小易的假设，易妈妈可以在家做饭和做投资，做饭的机会成本只有 100 元，但是由于上班这个选项是不能分割的，不能说我只上五分之四的班，剩下五分之一时间我回家做饭去。所以也要把做饭和投资作为一个整体考虑，还是两个选项：上班，做饭+做投资。上班的机会成本更低，选择上班。

“但是到此为止我们是在用比较优势理论分析问题吗？谁能给比较优势下个定义?”

丁甲：“一个国家生产的某种产品的成本比另一个国家低，那么，该国就在这种商品的生产上与另一个国家相比具有比较优势。”

辛乙：“一国应该生产机会成本低的产品与其他国家交换。”

“丁甲说的其实是绝对优势，辛乙说的是比较优势原理的一种表述。现在有很多人把比较优势与比较优势原理混淆。那么什么是比较优势呢？我们可以用刚才介绍过的机会成本给比较优势下定义：与其他主体相比，以较低的机会成本提供产品或服务的能力。”贝博士解释道。

“这是大卫·李嘉图给的定义吗?”辛乙问。

“不是的，大卫·李嘉图时期还没有机会成本这个术语，甚至没有比较优势这个术语。”贝博士笑道。

“不会吧？不是说比较优势原理是大卫·李嘉图提出的吗?”辛乙有点怀疑。

“准确地说，是大卫·李嘉图提出了比较优势原理的思想，是后来的经济学家提出了比较优势的概念，并把比较优势原理模型化。”贝博士说。

“那大卫·李嘉图是怎么表述比较优势原理的呢？”舒心好奇地问。

贝博士：“他用举例的方式阐明比较优势原理，在他的著作《政治经济学及赋税原理》中写有这样一段话，‘如果两个人都生产鞋和帽子，其中一人在两种商品的生产上都比另一个人具有优势，不过在帽子生产上只领先其竞争对手1/5或20%，而在鞋的生产上却要领先其竞争对手1/3或33%；那么，这个具有优势的人专门生产鞋，而那个处于劣势的人专门生产帽子，难道不是对他们双方都有利吗？’

“可以看出他使用的是‘两劣相权取其轻，两优相权取其重’的方法确认比较优势，尽管他并没有说‘比较优势’这个词，但确实阐明了比较优势原理的思想，认为按照比较优势分工对双方都有利。这与机会成本的思路不一样。”

舒心：“如果这里用机会成本分析比较优势，就像小易的例子中那样吗？”

“不是的，小易的例子中直接用机会成本做决策，其实并没有用到比较优势原理。直接用机会成本做决策，决策主体只需考虑自己在各选项上的机会成本，从中选出机会成本最小的即可。这里没有体现出不同主体的合作，只是决策主体单方面的决策。而比较优势原理以及绝对优势原理，都是着眼于合作，决策双方比较在某一个共同选项上的机会成本，谁的机会成本低，谁就在这个选项上具有比较优势，另一主体就在另一个选项上具有比较优势，双方按照各自的比较优势分工合作，对双方都有利。”贝博士立即提醒。

贝博士看大家好像还是不太明白，继续解释：“我们还拿小易的例子来看这两种分析方法的区别。小易在分析的时候只是考虑了妈妈的机会成本，没有考虑张阿姨的机会成本，没有从两人合作的角度分析问题，所以没有用到比较优势原理。如果用比较优势原理分析，要看两人做饭的机会成本谁更低，如果张阿姨做饭的机会成本低于易妈妈，则张阿姨做饭，易妈妈上班，然后易妈妈用上班挣的钱付给张阿姨，只要付的钱高于张阿姨做饭的机会成本，低于易妈妈上班预期收益，这样的分工合作对双方就都是有利的。”

“就是说机会成本是比较优势分析的一个工具，但不能把机会成本分析等同于比较优势分析。”小易若有所悟。

“理解正确。除了机会成本，比较优势分析还可以使用其他的工具，比如相对效率或相对成本。”贝博士点点头。

“李嘉图的例子是不是就是用这种相对效率的方法？”小易问。

贝博士：“严格地说，有一些区别。李嘉图说‘在帽子生产上只领先于其竞争对手1/5或20%，而在鞋的生产上却要领先于其竞争对手1/3或33%’，是把两人在同一种产品生产上的效率相比，你也可以称之为相对效率，然后把两种产品上的相对效率进行比较，看哪一个比值更大，确定双方的比较优势。李嘉图的例子中就是甲相对乙在帽子上相对效率为1.2，在鞋子生产上的相对效率为1.33，所以甲在鞋子生产上具有比较优势，乙在帽子生产上具有比较优势。

“可是现在的教科书中所说的相对效率不是这个意思，为了跟机会成本的方法协调一致，相对效率被定义为一人在两种产品上的效率的比值，比如甲生产帽子相对于生产鞋子的相对效率为1.5，乙生产帽子相对于生产鞋子的相对效率为1.67，则甲具有生产鞋子的比较优势，乙具有生产帽子的比较优势（见表4.4）。这种方法跟李嘉图的方法是等价的，判断的结果是一致的。只不过李嘉图的方法更符合一般人的思维习惯。当然，还可以使用相对成本的方法来判断比较优势，相对成本是相对效率的倒数，也是等价的。”

表4.4　单位产量与相对效率

	帽子	鞋子	相对效率
甲	6顶	4双	1.5顶/双
乙	5顶	3双	1.67顶/双

“那是不是有三种方式定义比较优势呢？即以更高的相对效率提供产品或服务的能力；以更低的相对成本提供产品或服务的能力；以更低的机会成本提供产品或服务。”小易问。

“对，这三种定义是等价的，只不过表述的角度不同。”贝博士说。

比较优势与分工

“贝博士，您刚才说亚当·斯密提出了绝对优势原理，但上一次做专访的时候好像没有讲过绝对优势原理。”舒心提出了质疑。

“绝对优势和绝对优势原理这个名称是后来的经济学家发明的，但其思想内涵来自亚当·斯密。他在阐述分工问题时提出，人们各自生产自己擅长的产品进行交换，会比每个人什么都做要好。所谓擅长就是能够以更高的效率或者说更低的成本提供产品，就是现在我们常说的绝对优势。按照各自擅长的产品，进行分工和交换，对双方都有利。这个思想就是我们现在耳熟能详的绝对优势原理。”贝博士解释道。

小易：“感觉绝对优势原理更好理解，按照绝对优势分工，每一个

产品都由效率最高的人来做，肯定能提高整体的效率，增加总产出。但是按照比较优势分工，有的产品会由效率低的人来做，这种产品生产效率会下降，虽然其他产品由效率更高的人来做，其生产效率会提升，但综合起来看，凭什么就认为一定会提高总的效率、增加总的产出呢?”

贝博士：“确实，从静态的角度看，按照比较优势分工，不能保证所有产品的产出都增加。”

舒心：“静态是什么意思?”

贝博士：“静态是指技术水平不变，要素投入总量也不变，分工与贸易的利益来自资源的优化配置。这种资源的优化配置包括消费领域产品的优化配置和生产领域生产要素的优化配置（如图 4.1）。通过用自己过剩的产品交换对方过剩而自己稀缺的产品，可以提高双方的效用水平，这就是消费领域的资源优化配置。各国把生产要素资源投入相对效率更高的行业，虽然技术水平和生产要素投入总量没变，但产出增长了，这就是生产领域的资源优化配置。”

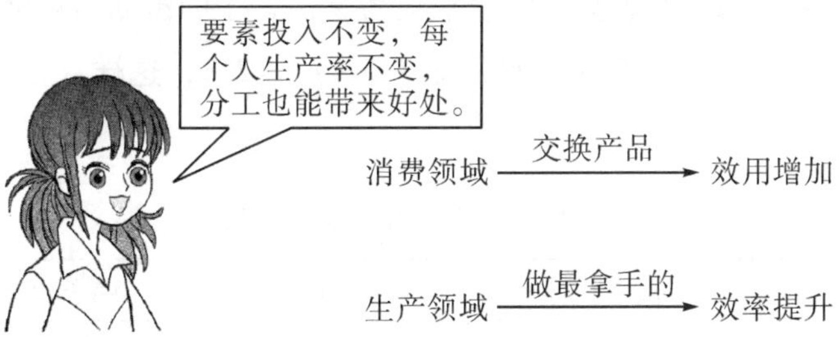

图 4.1　分工的静态利益

舒心：“绝对优势原理和比较优势原理都是从静态角度分析分工和贸易问题，您刚才说按照比较优势分工可能会出现产出下降的情况，那么这种情况下分工的好处只是来自消费领域吗?”

贝博士：“不是的，产出效率也是增长的，不过有可能会有产品产量下降，此时我们分析分工的好处，不能单纯地看产量的变化，还要看交换价值的变化，最终要看效用水平的变化。由于关于效用的分析涉及比较复杂的技术，这里我们只从交换价值的角度来看一下。

“贸易之前同样的商品在不同国家价格是不一样的，这是贸易的起因。同样的商品如果国外价格比国内高，人们会把该商品卖到国外去；反之，国外价格比国内低，人们就从国外购买。贸易会改变商品的价格，使得同一种商品的价格趋同，自由贸易情况下，不考虑运输成本，最终会形成同一个国际价格，这个价格一定是位于贸易前两国国内价格之间的，这样才能保证对买卖双方都有利，贸易才能进行下去。为了避开货币因素的干扰，这里我们使用相对价格，就是产品交换的比例，或者说，使用一种产品能交换的另一种产品的数量，作为这种产品的相对价格。比如，一顶帽子能换两双鞋子，那么帽子的相对价格就是2，当然，鞋子的相对价格就是0.5，两者是互为倒数的。

“下面我们仍然用前面的例子。甲乙分处两国，设贸易前产品价格等于生产成本，甲同样的要素投入能生产6顶帽子或4双鞋子，所以1顶帽子可以换2/3双鞋子，即帽子的相对价格为2/3；同理，乙国帽子的相对价格为3/5（见表4.5）。假设贸易后帽子的国际相对价格为p_w，则p_w一定位于3/5和2/3之间，即$3/5 \leqslant p_w \leqslant 2/3$，这样双方才都能有利可图。

表4.5　单位产量与相对价格

	帽子	鞋子	帽子相对价格
甲	6顶	4双	（2/3）双/顶
乙	5顶	3双	（3/5）双/顶

“我们来看甲能从贸易中得到什么好处。按照比较优势原理，甲具有生产鞋子的比较优势，应该是甲出口鞋子，进口帽子。甲减少1顶帽子的生产，就能多生产2/3双鞋子，用这多出来的鞋子跟乙换帽子，帽子价格p_w，能换到帽子的数量是（2/3）/p_w，因为$p_w \leqslant 2/3$，所以换到的帽子数量一定大于或等于1，就是说，减少1顶帽子多生产的鞋子

可以换回来更多的帽子。

“类似的分析可以证明，乙同样能从分工和贸易中得到好处。原因是与贸易前相比，双方各自具有比较优势的产品相对价格上升，具有了更多的交换价值。”

小易：“既然有静态分析，那是不是还有动态分析呢?”

贝博士：“当然有，从动态的角度看，分工会提高技术水平，有一个动态演进过程，会进一步促进财富的增长。这一点亚当·斯密已经提到过了。当然，随着技术进步和资本积累，要素结构也在升级（参见图 4.2）。”

图 4.2　分工动态利益

小易：“绝对优势原理来自亚当·斯密，所以绝对优势原理属于动态分析。对吗?”

贝博士：“不对。绝对优势原理跟比较优势原理一样属于静态分析，它只是后来的经济学家截取了亚当·斯密贸易思想的一部分内容发展出来的。亚当·斯密对分工既有静态分析又有动态分析。当然，静态与动态之间是有内在联系的，静态之间的变化过程就是动态，而静态分析只是对变化过程中的两个状态进行比较。”

常见误解与误用

小易：“感觉今天的内容有点难。”

贝博士：“所以经常会有人误解、误用比较优势及比较优势原理。”

辛乙：“绝对优势原理和比较优势原理是什么关系？我在预习的时候看到有人说绝对优势是比较优势的特例，但是又有人说有绝对优势不一定有比较优势。该怎么理解呢？既然是特例，那就是包含关系，绝对优势包含在比较优势里面，只要有绝对优势就应该有比较优势啊？”

贝博士：“这是混淆了概念和原理造成的混乱。从概念上看，比较优势和绝对优势相互之间没有包含关系，不存在这个是那个的特例。当一个人在所有事情上全面领先另一人的时候，其中一人在一种事情上有绝对优势却不一定有比较优势，反而有可能是比较劣势；同样，在一种事情上有比较优势也不一定有绝对优势，也可能是绝对劣势。

从原理的应用上看，可以把绝对优势原理看作比较优势原理的特例。因为凡是能用绝对优势原理解释的现象，也能用比较优势原理解释，而能用比较优势原理解释的现象，不一定能用绝对优势原理解释。比如全面领先国家与全面落后国家之间的分工，能用比较优势原理解释，但是不能用绝对优势原理解释（参见图 4.3）。”

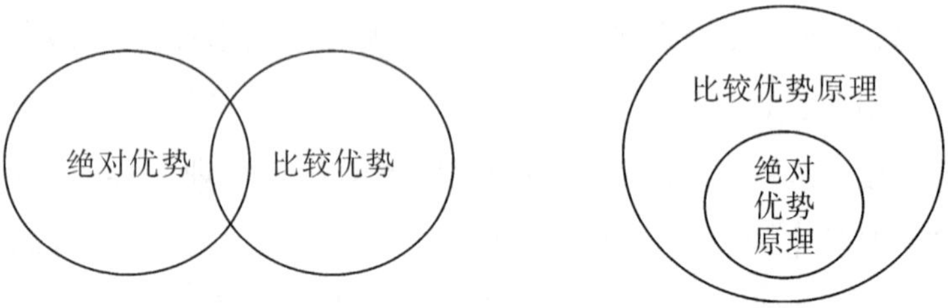

图 4.3　绝对优势与比较优势、绝对优势原理与比较优势原理的关系

舒心：“田忌赛马可以用比较优势原理解释吗？我看网络上有人说可以用比较优势原理解释，但是刚才听了您的解说后，我又觉得不对，具体怎么不对我又说不上来。”

贝博士：“好，我们来看一下田忌赛马是怎么回事，能不能用比较优势原理解释。

“田忌经常与齐国众公子赛马，由于田忌的马总体上处于劣势，常常输掉比赛。孙膑到来后，发现田忌的马虽总体逊于对方，但相差不大，于是让田忌放弃过去用自己最好的马跟对方最好的马比赛的策略，改用下等马对付对手的上等马，用上等马对付对手的中等马，用中等马对付对手的下等马。三场比赛下来，田忌一败而两胜，最终赢得比赛。

“这个故事揭示了如何善用自己的长处去对付对手的短处，从而在竞技中获胜。比较优势原理揭示的是如何发挥自身所长，与对方优势互补，合作共赢，尽管有时自身所长可能还是不如对方，只是两劣选其轻，通过分工合作仍能促进双方利益。因此，比较优势原理告诉人们应该各展所长，实现双赢，是合作的策略，而不是竞争的策略。所以用比较优势原理解释田忌赛马是不恰当的。”

舒心：“您是说比较优势原理是用于解释合作问题的，而不是解释如何竞争的？”

贝博士：“对的，比较优势原理和绝对优势原理都是解释合作的好处以及如何合作的理论，用它们来解释竞争问题，是驴唇不对马嘴。”

丁甲：“我看到一篇文章，写道‘国内大部分市场化产业在全球产业竞争中最大的比较优势是低成本’。这个也应该是一种误用。”

小易：“我看到一则新闻，写的是某地如何建设特色文旅小镇，认为对于发展旅游来说，抓住了比较优势，就是抓住了自己的特色，抓住了特色，就可以争取占领先机。这是把特色发展、避免同质竞争与重复建设，混同于发挥比较优势。”

辛乙：“我这里也有一个例子，某省在中医药发展规划中写道，要发挥该省中医药底蕴深厚、资源丰富的比较优势，实现中医药事业和产业高质量发展。也没有看到这个比较优势是如何比较出来的，如何利用比较优势展开合作。”

贝博士：“很好，大家发现的都是很常见的误用比较优势和比较优势原理的例子。这说明比较优势很流行，几乎从一个专业术语演变成了生活流行语。一些人在使用的时候没有准确理解其含义，为了显示专业，或者只是赶时髦，便随意使用，以至谬误流传。希望大家以后不要出现这种误用。”

舒心：“我觉得可能是这个理论里面有优势两个字，人们一说到优势会习惯性地想到竞争。”

贝博士：“嗯，有道理。不过应该转换思维，优势不仅用于竞争，还可以用于合作。”

舒心：“那么在分析竞争问题的时候该用什么理论呢？”

贝博士：“竞争优势理论可以用于分析竞争问题。”

小易：“是不是迈克尔·波特提出的竞争优势理论？”

贝博士：“对，小易你知道竞争优势是什么含义吗？给大家说说吧。”

小易：“所谓竞争优势是指相较于竞争对手拥有的可持续性优势，包括优势资源、先进的运作模式、更适合市场需求的产品和服务等。通过上述某个领域的优势或者是多个领域优势相互作用可以形成优于对手的核心竞争力。”

比较优势理论还适用吗？

舒心：“比较优势理论为什么只分析合作不分析竞争呢？”

贝博士：“这与理论产生时的时代背景有关。该理论产生于重商主义盛行的时期，尤其是与废除《谷物法》的斗争有关。亚当·斯密的自由经济与自由贸易思想获得思想家和理论界的追捧，但是在政策实践中，英国要在 19 世纪中期工业革命完成后才废除重商主义的政策。重商主义政策中一个突出代表就是《谷物法》。从产生《谷物法》相关法律记录的 1660 年到其最终被废止的 1846 年，英国共出台不少于 127 部《谷物法》。1750 年发生的持续近二十年的庄稼歉收，以及 1760 年开始的快速工业化使得工人和资本从农业转出，这导致 1780 年后的大多数年份，英国是谷物的纯进口国，每年进口粮食总量都要占当年需求量的六分之一左右，进口来源主要是丹麦、波兰和德国沿海地区。在第三次英法战争中，法国对英国进行经济封锁，导致英国的粮食进口几乎全部中断。再加上 1809 年和 1810 年英国国内连续两年的粮食歉收，粮食价格从封锁前的每夸脱（1.136 升）66 先令猛涨到 1810 年的 117 先令，粮食价格的猛涨导致农业经营更有利可图，土地投资因而急剧增加。

“随着战争接近尾声以及此后数年的粮食大丰收，粮价逐渐回落，很多地主因此破产。这段时间小麦价格从大约每夸脱 120 先令降至 70 先令，而此时已经习惯了三位数市场价格的英国土地所有者，又再次请求立法以维持他们那从天而降的巨大利润。他们认为既然英国能够自己生产粮食，那就根本不需要从国外进口，即使在荒年歉收需要进口时，也要对进口进行限制。

“但是限制粮食进口对工业资产阶级不利。昂贵的谷物，使工人货币工资被迫提高，成本增加，利润减少，削弱了工业品的竞争能力；同时，昂贵的谷物，也扩大了英国各阶层的吃粮开支，而减少了对工业品的消费。限制谷物进口还招致外国以高关税阻止英国工业品对他们的出口（参见图 4.4）。工业资产阶级采取了多种手段，反对限制谷物进口。而穷苦的人们也随即重新走向街头围攻议会，使用暴力反对《谷物法》。

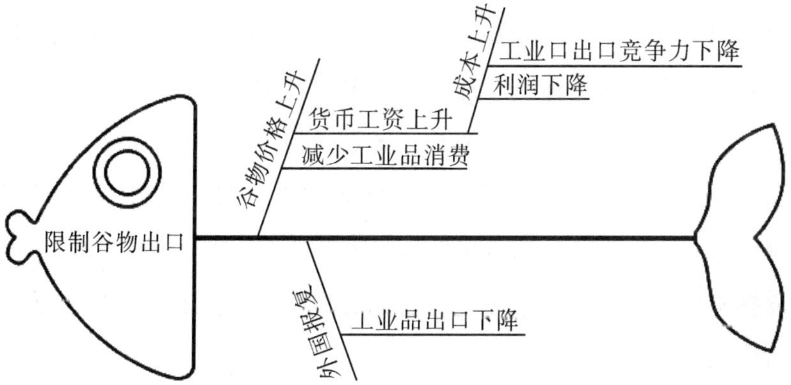

图 4.4　《谷物法》的影响

“此时刚刚进入经济学界的李嘉图，按照亚当·斯密的理论极力鼓吹自由贸易的好处。但最终限制谷物进口的 1815 年《谷物法》还是获得通过，规定在小麦价格跌到每夸脱 80 先令以下时，必须完全禁止进口外国粮食。因为和平时期的粮食价格很少可以升到 80 先令以上，《谷物法》有效地将外国粮食拒之门外。

“这促使李嘉图更深入地思考贸易问题，从理论上驳斥贸易限制的荒唐，他在 1817 年出版的《政治经济学及赋税原理》中提出了比较优势理论的思想。为驳斥当时充斥在英国上层社会的对国际贸易防范的思想，李嘉图继承亚当·斯密的衣钵，进一步发展了国际贸易合作共赢的思想。这可以说是一种矫枉过正。当然我们不能因为比较优势理论没有分析竞争问题而说它是错误的。一个理论只要能给我们观察世界提供新的视角、新的方法，就有它存在的价值。”

小易：“有人说现在的国际经济环境与比较优势原理提出时的背景相差太大，比如生产要素跨国流动，比较优势理论不适用现在的形势了，要被竞争优势理论淘汰。”

贝博士：“比较优势理论以生产要素不能在国家间自由流动、各国技术水平存在差距为假设前提。在极端的理想情况下，各国技术没有差距，生产要素也能在全世界无成本地自由流动，那么比较优势原理确实就不适用了，也不需要了，因为比较优势理论目标已经实现了。但现实并没有达到这种极端理想的情况，各国技术还有差别，甚至从全球范围看这种差别不是在缩小，而是在加大；资本、劳动等生产要素在全球范围内的流动虽然比李嘉图时代更自由，但也不是无障碍、无成本的。特朗普在美墨边境修建隔离墙不就是证明吗？因此，比较优势理论仍然适用。它与竞争优势理论的关系应该是互补的，而不是谁淘汰谁的问题。”

比较优势理论的启示

辛乙：“刚才我们说了很多误用比较优势原理的例子。比较优势原理是不是可以应用到我们日常生活中？”

贝博士：“当然可以。比较优势理论告诉我们国与国之间按照比较优势分工贸易，对双方都有好处。其实比较优势理论也是从个人推广到国家的，它对我们个人的日常生活与工作也是有启发的。

“比较优势理论告诉我们，对一个各方面都强大的国家或个人，聪明的做法不是仰仗强势、四面出击，处处逞能或事必躬亲，而是将有限的时间、精力和资源用在自己最擅长的地方。反之，一个各方面都处于弱势的国家或个人也不必自怨自艾，抱怨自己的先天不足。要知道，‘强者’的资源也是有限的，为了它自身的利益，‘强者’必定留出地盘给‘弱者’。正所谓‘天生我材必有用’，每个人都有自己的用武之地，各展所长，共同发展，才是共赢的策略。”

丁甲：“前几天读了一本书上说，根据当代生物学家的研究，在生物圈中能够生存下来的物种，不仅仅是达尔文说的‘物竞天择，适者生存’，还有合作精神，善于物种内合作和物种间合作的物种，往往在大自然中繁衍得更好。”

舒心：“这一点我有体会。一个团队的领导者，千万不要以为自己很厉害，下属做什么你都觉得不满意、不放心，非要自己亲力亲为，这样做吃力不讨好，自己累得不行，事情可能也没做好。如果领导者不善于根据各成员的比较优势展开合作，成员就会感觉不被信任，无力可施，整个团队也会缺乏活力和凝聚力。”

小易：“儒家说‘和而不同’，应该也包含了比较优势的思想。群体中千差万别，不能强求一致，要善于利用个体的比较优势，和于共同的目标。”

贝博士：“看来大家都有感悟啊。今天就到这里，下一次将有更富挑战性的内容，请大家提前做好准备。”

5

靠山吃山 资源禀赋奠根基

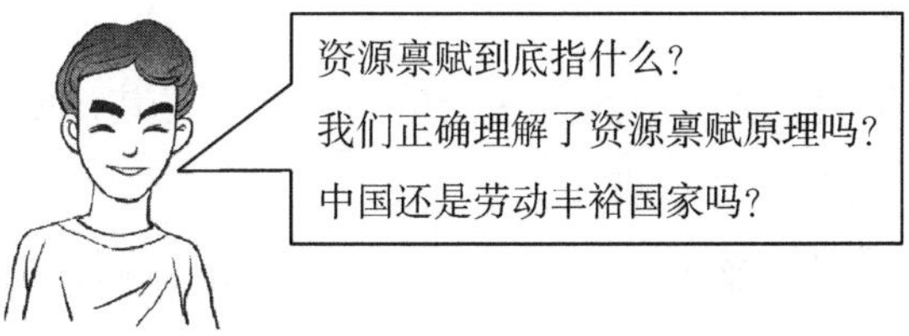

什么是生产要素？

贝博士：“今天正式上课之前请大家说一说你们家乡的主要特产。”

辛乙：“我家是苏州的，我们那的特产是大闸蟹，可以网购哦。”

丁甲：“我家是山西的，特产是煤炭，暂时不提供网购，可以用火车皮来拉。”

舒心：“我家是三亚的，我们那的特产是海滩，只能到现场消费，不能打包带走。”

小易：“哈哈，这些特产很有趣。”

贝博士：“大家可以看到，各地的特产、特色产业，都是由各地特有的资源产生的。用一句俗语说就是‘靠山吃山，靠水吃水’。不仅在国内，在国际上也是这样。比如中东地区有些国家石油资源丰富，是国际上出口石油的主要地区，大家可能也看到新闻，随着本国油气资源的开发，美国今年已经从石油净进口国变净出口国。”

小易：“我觉得美国从石油净进口国变成净出口国，应该是技术进步造成的吧？美国水力压裂法革命提升了油田的出油率。”

贝博士：“对，技术起了关键的作用。但是如果没有油气资源，这种技术也无用武之地啊。所以资源还是基础。

“前面我们学的绝对优势原理和比较优势原理，在分析分工和贸易基础的时候，只考虑了劳动这一种要素，没有考虑其他要素。但是我们刚才也看到了，自然资源在分工中起着很重要的作用，甚至可以形成分工的基础。”

舒心：“是啊，为什么这些理论里面没有考虑其他要素呢？生产中使用的应该不仅仅是劳动啊。”

贝博士：“因为亚当·斯密、大卫·李嘉图他们认同劳动价值论，认为劳动是价值的来源，其他要素不创造价值，是次要的因素，所以在他们的理论分析中只考虑了劳动这一种要素。

“劳动价值论的一个必然结论是，既然价值是劳动创造的，收入分配时价值都应该归劳动者所有。但现实却是劳动者往往仅能得到维持生存的收入。亚当·斯密时期，面临的主要问题是如何促进工业发展，国内收入分配问题还不突出，所以收入分配还不是斯密研究的中心问题。大卫·李嘉图时期国内收入分配问题已经比较尖锐了，经常爆发罢工，吃不饱饭的工人只好走上街头争取自己的生存权利。1815 年《谷物法》出台时，英国就爆发了暴力冲突，吃不饱饭的工人要求废除《谷物法》，以暴力威胁议员放弃支持《谷物法》。但此时第一次工业革命尚未结束，地主贵族在英国经济中仍占据主导地位，发展工业仍然是资本主义经济发展的首要任务。所以大卫·李嘉图仍坚持劳动价值论，在贸易问题上强调自由贸易的好处，反对维护地主贵族利益的贸易保护政策。

“但是收入分配引发的社会矛盾和理论困惑已经是一个不容忽视的问题。很多经济学家开始放弃劳动价值论，提出创造价值的不仅仅是劳动，企图从理论上协调各要素在收入分配上的矛盾。1929—1933 年资本主义世界大危机时，各国贸易保护主义盛行，力图对外倾销商品，同时通过提高进口关税等手段，限制商品进口。面对这种情况，国内市场狭小、高度依赖国外市场的瑞典人忧心忡忡。瑞典经济学界开始重新思考：如何解释国际贸易基础？如何认识收入分配问题？在此背景下，俄林继承其师赫克歇尔的论点，于 1933 年出版了《区际贸易和国际贸易》一书，深入探讨了国际贸易产生的深层原因，创立了要素禀赋理论，认为李嘉图只用劳动支出这一因素来解释国际贸易是片面的，在分析各国产品成本差异的原因时，必须同时考虑各个生产要素。”

小易：“什么是生产要素？就是生产中创造价值的因素吗？”

贝博士：“生产要素是指生产活动必须具备的主要因素或在生产中必须投入或使用的主要手段。在现代经济理论中，生产要素通常指土地、劳动和资本三要素。这是为了简化分析的需要，把这三种最常见的要素纳入理论模型。随着经济现实的发展变化，各种要素在企业生产经营中的重要性也发生了改变，具体分析问题的时候，要考虑的要素不限于这三种，比如刚才我们提到的自然资源，也是很重要的生产要素。

“生产要素包含的因素还有很多，企业家才能、技术知识、经济信息、人力资本等，都是生产要素，这些要素对于说明国际贸易和分工格局，都有重要作用。”

舒心：“只要是在生产经营中发挥重要作用的因素都可以算作生产要素，对吗？那自然景观也算是吧？比如刚才说到的海滩，是旅游业中的生产要素。”

贝博士：“对，自然景观可以看成自然资源的一种。除了自然景观，人文景观也是旅游业重要的资源，比如重庆的红岩遗址、抗战遗址、民俗文化，成都的三星堆遗址、金沙遗址、青羊宫、杜甫草堂，陕西的秦兵马俑，等等。”

小易：“这样说的话，地理位置也是生产要素，比如新加坡的地理位置对新加坡经济来说是最重要的因素，由于位于印度洋通往太平洋的咽喉要道上，新加坡得以发展国际航运业，成为重要的国际航运中心。那生产要素岂不是太多了？分析起来很复杂啊。”

贝博士：“对，在分析中要包含哪些要素，要根据所分析问题的具体情况来选择，一般选择影响最大的要素，对所分析问题影响较小的因素忽略不计。”

丁甲：“生产要素是不是也有交易市场？”

贝博士："对，生产要素的交易市场叫要素市场，是市场体系的重要部分。各种要素价格则是指生产要素的使用费用或要素的报酬，更确切地说，是要素所有者的报酬。例如土地的租金、劳动的工资、资本的利息、管理的利润等。"

小易："今天我们要学习的资源禀赋原理所说的资源是指自然资源吗？"

贝博士："这个资源是广义的，除了自然资源，还包括劳动、资本等，实际上就是刚才我们讨论的生产要素。所以资源禀赋原理又称为要素禀赋理论。"

小易："那这里的要素禀赋又是什么意思？"

资源禀赋与要素丰裕

贝博士："要素禀赋又称为资源禀赋，指一国所拥有的并能用于生产的各种生产要素的数量。一定要注意这里的限定词'所拥有并能用于生产'，以前面的新闻为例，美国在发明水力压裂法之前，一些老油田无法产油了，虽然有油，但受技术限制采不出来，就不能把这些油纳入美国的能源资源里面去，现在新的技术使得这些油可以开采，就要把这些油纳入美国的资源禀赋里面去。下面的分析中，我们要注意资源禀赋是有这个限定的。

"要素丰裕则是指在一国的生产要素禀赋中某要素供给所占比例大于别国同种要素的供给比例，而相对价格低于别国同种要素的相对价格。"

小易："要素禀赋我理解了，但是要素丰裕有点费解。"

贝博士："是的，资源禀赋的概念还好理解，可是要素丰裕的概念要复杂一些。让我们结合数字来解读一下。"

辛乙："又用数学啊？看到数学我就犯怵。"

贝博士："放心啦，只是简单的数字比较，小学生都会的。当然要理解今天的理论，还是要用心思考。

"各国要素禀赋中均包含多种要素，但某一种要素在全部要素中所占的比例，在不同国家通常是不一样的。为了简便，我们假设甲乙两国均只有两种要素：资本和劳动。甲国有50个单位的劳动，40个单位的资本，乙国有20个单位的劳动，30个单位的资本。这就是甲乙两国的要素禀赋。"

丁甲："请问这里的单位是什么？"

贝博士："具体是什么单位对我们的分析没有影响，只要同一种要素使用同一个单位就行。比如劳动的单位可以是人·年，也可以是人·小时，只要两国对劳动使用同一个单位就行了。因为下面我们要用的是生产要素的比值，会消除单位的影响。"

贝博士："甲国资本对劳动的比值为0.8，乙国资本对劳动的比值为1.5，甲国的资本劳动比小于乙国的资本劳动比，所以甲国是劳动丰裕的。同时可以确定，乙国是资本丰裕的，因为两国的要素丰裕是相对而言的（见表5.1）。这里我把资本劳动比值的单位省略了，因为只要同种要素使用同一个单位，甲乙两国的资本劳动比值的单位必定是一样的，所以省略掉单位不影响我们的分析。

表5.1　资源禀赋

	可用资本	可用劳动	资本/劳动
甲国	40	50	0.8
乙国	30	20	1.5

"这就是前面定义里说的用要素供给比例的方法来确定要素丰裕情况。另一方法则是以要素相对价格衡量。要素会通过要素市场形成要素价格，要素价格像商品价格一样是由供给和需求两方面因素确定的。劳动的价格就是工资，这里的工资是一个单位劳动的价格，准确地说应该叫工资率，但一般习惯称之为工资或工资水平。资本的价格是利

息，也是指一个单位资本的价格，准确说叫利率。如果某种要素的相对价格甲国低于乙国，那么甲国该要素丰裕。

“假设甲国工资为1，利息为3，乙国工资为2，利息为4，同样的道理，这里单位我们也省略掉，不影响分析。甲国资本相对于劳动的相对价格为3，同样可以计算乙国资本的相对价格为2，甲国资本相对价格高于乙国，所以甲国劳动丰裕，乙国资本丰裕（见表5.2）。”

表5.2　要素价格

	利率	工资	利率/工资
甲国	3	1	3
乙国	4	2	2

舒心：“这两种方法是等价的吗？”

贝博士：“虽然刚才我们举的例子里面两种方法得出的结论是一致的，但这两种方法还是有区别的。以供给比例法衡量的要素丰裕只考虑要素的供给，而以价格比例法衡量的要素丰裕不仅考虑了要素的供给，同时也考虑了要素需求。要素的需求是一种派生的需求，来自对该要素所生产商品的需求。如果假设两国需求方面相同，则这两种方法会得出同样的结论。如果需求方面不同，则有可能得出不同的结论（见图5.1）。”

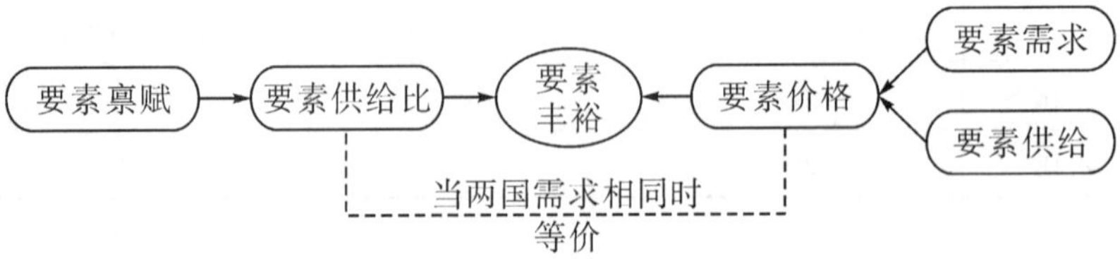

图5.1　判断要素丰裕的两种方法

要素密集度与要素密集型

贝博士："刚才我们讲的要素禀赋与要素丰裕是对国家而言的。在资源禀赋理论中还有一对核心的概念，就是要素密集度与要素密集型，它们是对产品而言的。"

贝博士："要素密集度指产品生产中某种要素投入比例的大小。我们先以甲国为例，甲国生产一单位衣服使用 2 个单位的劳动和 1 个单位资本，生产一个单位手机使用 3 单位劳动和 4 单位资本。按照前面我们假设的甲国要素价格（见表5.2），工资为1，利息为3，则甲国生产衣服的成本是 $2\times1+1\times3=5$，生产衣服的资本密集度是 $1\times3\div5=0.6$，劳动密集度是 $2\times1\div5=0.4$；甲国生产手机的成本为 $3\times1+4\times3=15$，生产手机的资本密集度是 $12\div15=0.8$，劳动密集度是 $3\div15=0.2$。

"要素密集型则是指不同产品要素密集度的相对大小，一种要素在某种产品生产中的要素密集度大于其他产品，则该产品就是这种要素密集型的(见图 5.2)。再来看上面的例子。甲国生产衣服的劳动密集度为 0.4，生产手机的劳动密集度为 0.2，衣服的劳动密集度大于手机的劳动密集度，所以衣服是劳动密集型产品。同时可以确定，手机是资本密集型的，两种产品的要素密集型也是相对而言的（见表 5.3）。"

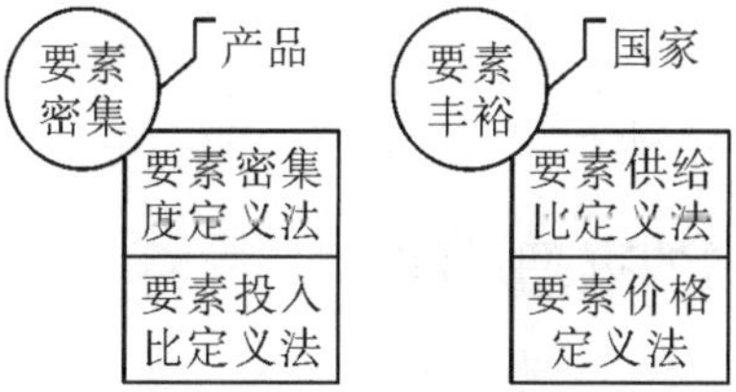

图 5.2 要素密集与要素丰裕

表 5.3　产品要素密集型的判断

甲国产品	资本投入	劳动投入	资本/劳动	资本密集度	劳动密集度
衣服	1	2	0.5	0.6	0.4
手机	4	3	1.3	0.8	0.2

小易："好复杂，有点晕。"

贝博士："这种方法计算要素密集度时需要知道要素的价格，至少需要知道相对价格来计算投入成本，计算比较复杂，甚至有些时候不一定知道要素价格，导致无法计算。为了解决这个问题，还有一种更简便的方法，使用要素投入比或称为要素配合比来判断要素密集型。我们再以甲国为例。甲国生产衣服时的要素配合比例，即资本劳动比为 0.5，生产手机的资本劳动比是 1.3，由于生产手机的资本劳动比大于衣服的资本劳动比，因此手机是资本密集型商品，衣服为劳动密集型商品。在这里我们仍然省略比值单位。跟前一种方法比较，要素投入比的方法确实要简单得多。

"那么乙国的情形如何呢？在要素禀赋模型中，假定两国的生产技术相同，那么两国在同种产品生产中的要素投入比是一致的，所以乙国两种产品的要素密集型与甲国一致。"

小易："不同国家产品的要素密集型相同是普遍现象吗？"

贝博士："如果各国间生产技术存在巨大差异，有可能会导致在不同国家产品的要素密集型不同。这一点我们稍后再讨论。"

要素禀赋原理的推理过程

丁甲："说了半天，我还是不明白资源禀赋原理是什么。您什么时候才能给我们讲啊？"

贝博士："呵呵，不要着急，其实我们已经开始了。今天我要借助资源禀赋原理给大家普及一下科学研究的方法。任何一个科学的理论体系都是由概念、判断和推理构成的。概念是构成理论体系的基石。刚才不厌其烦给大家介绍的两组概念，正是资源禀赋原理的基石。下面我们开始进行推理（见图 5.3）。”

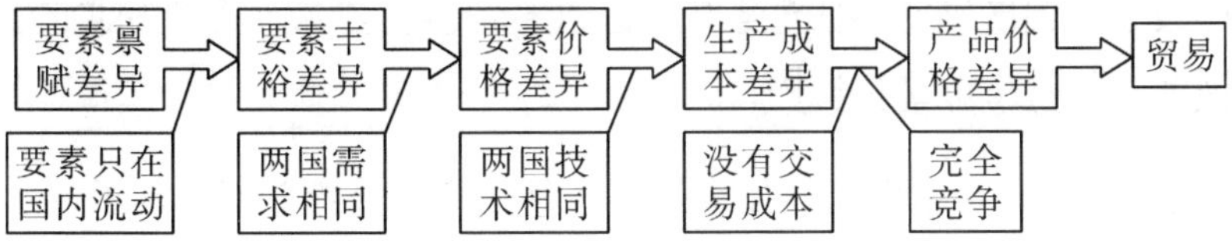

图 5.3 要素禀赋原理的推理

贝博士：“我们先从贸易的原因出发。我们在学习比较优势原理的时候就已经分析过，国际贸易的直接原因是价格差异，即两国生产同样的产品，当产品存在相对价格差时，通过贸易可以提高交换价值而获利。

“为什么会存在这种价格差呢？如果按照古典经济学的观点，价值是由劳动创造的，产品的价格是由生产过程中凝结在产品中的劳动价值确定的。但是资源禀赋原理是建立在新古典经济学的基础之上的，认为价格是由供给与需求共同决定的。所有的商品价格及要素价格均由其各自的供求关系决定。

“需求方面取决于两个方面的因素：购买意愿与支付能力。购买意愿取决于消费者的欲望或者称之为消费者偏好，支付能力取决于收入。供给方面取决于生产要素供给和技术条件。生产要素供给就是要素禀赋，生产技术条件则决定产品生产中要素投入的配合比例，从而决定产品的要素密集型。如果两国需求方面一样，生产技术条件也一样，则产品的价格差来自生产成本的差异，生产成本的差异来自生产要素的价格差，而生产要素的价格差来自资源禀赋差异。

“这里要注意的是，要素的需求是一种派生的需求，即由对其生产出来的产品的需求派生出来的。在各国要素需求相同的情况下，各国的要素禀赋对要素价格起关键作用，要素供给丰富则其价格低，要素供给稀缺则其价格高。

“当某种产品生产中密集使用的要素在甲国比乙国便宜，则甲国生产该产品的成本相对较低，甲国能以较低成本生产并向乙国出口。同样的道理，甲国进口的则是密集使用乙国供给丰裕且价格较低的要素的产品，乙国能以较低成本生产该产品。总之，生产要素禀赋的差异，是国际贸易发生的基本原因。”

小易：“我好像懂了。如果用比较优势原理分析前面的例子，假定乙国与甲国生产中的技术相同，则乙国生产衣服的成本是 $4\times1+2\times2=8$，生产手机的成本是 $4\times4+2\times3=22$，前面已经算出甲国生产衣服和手机的成本分别为 5 和 15，甲国在衣服的生产上具有比较优势，乙国在手机生产上具有比较优势。而用资源禀赋原理分析则是，甲国是劳动丰裕的，衣服是劳动密集型产品，因此甲国在衣服的生产上更具优势，同样，乙国在手机的生产上更是优势。”

贝博士：“是的。通过上述分析，我们可以得出结论：一个国家生产和出口那些密集使用本国供给丰富的生产要素的产品，相对成本低，价格就低，因而有比较优势；相反，生产那些需密集使用本国稀缺的生产要素的产品，相对成本高，价格便贵，处于比较劣势，出口就不利，应该进口。各国应尽可能利用供给丰富、价格便宜的生产要素，生产价廉产品输出，以交换别国价廉的产品。比如，劳动力丰裕的国家出口劳动密集型产品，而进口资本密集型产品；相反，资本丰裕的国家出口资本密集型产品，而进口劳动密集型产品。

“我们这里做的只是一个简化版的资源禀赋原理的分析。因为消费者同时也是各类生产要素的所有者，所以消费者的收入决定于生产要素的价格。生产要素所有者的收入分配和社会消费偏好共同决定对最终产品的需求，而对最终产品的需求导致了对生产要素的派生需求，要素的供给和需求则决定要素的价格，要素的价格和生产技术又决定最终产品的价格。在这样的价格机制的作用下，不同国家产品相对价格的差异决定比较优势和贸易模式。但在两国偏好相同、技术水平相同以及收入分配相同，从而对最终产品和要素需求相同的假设前提下，不同国家生产要素禀赋的差异便是商品相对价格存在差异的原因。”

假设前提的重要性

舒心：“您刚才好像讲了很多假设。”

贝博士：“是的，在研究现实问题，建立理论体系的时候，假设前提很重要。资源禀赋理论是在一系列假设前提下，经过逻辑推导，得出一国应该出口密集使用本国丰裕要素的产品，进口密集使用本国稀缺要素的产品。就像两国技术相同这个假设，就是为了排除技术对产品生产中要素投入的影响，从而考察要素价格和要素禀赋在产品相对价格中的作用。”

舒心：“还有哪些假设？这些假设都起到了什么作用？”

贝博士：“前面在推理分析的时候我已经使用了这些假设，只是没单独拿出来说。这种假定还有以下几个方面：

“假定只有两个国家、两种产品、两种生产要素。这一假设目的是为了简化分析。现实中国家、产品和生产要素都有很多种，但我们不可能把所有的国家、产品和生产要素都放到理论模型里面去，也不需要那样做。”

辛乙：“请问，假设前提不是更应该贴近现实吗？”

贝博士：“任何理论分析都需要抽象，把无关的、次要的因素抽象掉，集中分析核心因素。在能揭示事物内在规律的前提下，理论越简洁越好。这就好比地图，尽管 1∶1 的地图是最贴近现实的地图，但几乎没有人去使用这种地图。

“两个国家、两种产品、两种生产要素，已经足够我们揭示资源禀赋原理的理论核心。如果我们在分析现实问题时想更贴近实际，可以再做调整，比如把国家扩展到若干个，或把产品扩展到若干个，把生产要素扩展到多种，都可以让分析更贴近实际。但现在我们只是想揭示资源禀赋如何构成贸易的基础，这种简化的分析就足够了。”

辛乙：“就是说假设前提的一个重要作用是简化分析，直奔理论的核心。还有哪些假设前提呢？您继续。”

贝博士：“假定两国在两种产品的生产上规模报酬不变，即在生产中增加资本和劳动使用量，将会使产品产量以相同比例增加，生产要素使用量增加 1 倍，产品产量也增加 1 倍，单位生产成本不随着生产的增减而变化。这就排除了规模经济可能造成的干扰，产品成本只取决于使用的生产要素的数量和价格。生产要素投入数量取决于生产技术和生产要素价格，刚才我们已经假定两国没有技术差别，所以生产要素投入数量取决于生产要素价格；生产要素价格取决于生产要素的需求和要素禀赋。

“而要素的需求来自产品的需求，所以现在还需要再做一个假设，即假定两国的需求偏好相同。那么现在产品生产成本的差异就来自要素禀赋的差异。”

小易：“产品价格取决于对产品的供给和需求，由于假定两国需求相同，所以两国产品价格差来源于生产成本差，即来自要素禀赋差异。对吗?”

贝博士：“不，供给方面不仅仅是生产环节，还有流通交易环节，流通交易的费用也是产品成本的构成部分。因此，还要假定没有运输费用，没有关税或其他贸易限制，所以产品成本就等于生产成本。另外，还要假设市场是完全竞争的，无人能单独影响价格，不会出现超额收益，产品价格就等于成本。这样，两国产品价格差来源于成本差，成本差来源于生产成本差，生产成本差来源于要素禀赋差异。”

小易：“终于结束了，假定可真够多啊。”

贝博士：“不，还没结束。如果生产要素可以在国际上自由流动，两国的要素禀赋差异就会消失，所以还需要假定国际上要素不能流动。另外，如果生产要素在国内也不能流动，就不能按照比较优势调整要素在不同行业的配置，分工就无法实现，所以还需要假定生产要素在国内自由流动，即劳动和资本能够自由地从某些低收入地区、行业流向高收入地区、行业，直至各地区、各行业的同种要素报酬相同，这种流动才会停止。而在国际上，由于假定要素不能流动，在自由贸易之前，国家间的要素报酬差异始终存在。”

选举影响贸易的因素

小易：“现在结束了吧？”

贝博士：“呵呵，是的，可以告一段落了。”

舒心：“我有一个疑问，您在前面说过，需求包括购买意愿和支付能力，您刚才只是假定了两国需求偏好相同，并没有对支付能力进行假定，怎么能保证两国的需求相同呢？”

贝博士：“你非常敏锐。确实有这个问题。支付能力取决于收入，收入又受要素报酬即要素价格的影响，而要素价格又受需求的影响，所以几个因素之间存在互为因果的作用。对于这种复杂的关系，需要一定的数学工具才能给出逻辑更严密的解释。所以前面我说今天给出的是一个简化版的资源禀赋理论。不过这并不影响我们对资源禀赋理论核心思想的理解。”

丁甲：“幸好我们日常生活中不需要这么多假定，否则就太累了。”

贝博士：“其实我们日常交流中也是有假定的，如果两个人对某个问题给予的假定不同，就可能无法正常交流。比如，对“吃苹果要不要削皮”这个问题就曾经出现过争论。”

小易：“我知道，我奶奶就认为不应该削皮，她还专门查过书，书上说苹果皮中含有生物活性物质，有助于预防心脑血管疾病；苹果皮比苹果肉具有更强的抗氧化性，可以降低肺癌的发病率；苹果皮中的成分还有抗疲劳、护齿美肤、增强记忆力的作用；苹果皮富含维生素和膳食纤维，有减肥功效……既然有这么多好处，当然应该连皮一起吃。

“我妈妈就是反对派了。理由也很明显，因为现在苹果种植过程中会使用农药、催长素、催红素、膨大素，运输储存时还要用保鲜剂处理，这些东西怎么能吃呢？洗都洗不净，连皮一起吃，会损害身体健康。”

吃苹果，要不要削皮？

贝博士："这个争论很有代表性。在过去，没有使用农药和保鲜剂，连皮吃当然是最佳选择。当情况发生了变化，苹果被喷上难以洗掉的农药和保鲜剂成为常态，当然是去皮为好。我们得出结论的前提发生了变化，如果不把前提说清楚，就很难进行有效的沟通。我们日常交流中的所有判断都有它的前提，只不过一般情况下心照不宣，只有当有些前提不说清楚就影响到沟通了，我们才把它表达出来。不说不等于不存在。"

资源禀赋原理与比较优势原理有什么关系?

贝博士："至此我们已经知道了资源禀赋原理的基本内容。现在我问大家一个问题，资源禀赋原理与比较优势原理是什么关系?"

舒心："资源禀赋原理从一个新的角度分析了国际贸易的基础与模式，它认为资源禀赋差异是形成产品价格差异的原因，构成比较优势的基础。"

小易："资源禀赋原理中生产要素扩展到两种，这是一个很大的不同，这样一来就产生了要素配合比例的问题。斯密和李嘉图模型中生产要素只有劳动，不同国家劳动生产率不一样，所以产生了成本和价格差，构成贸易的基础。资源禀赋原理则假定同一种生产要素在各国没有差异，但是不同产品生产中要素投入比例不同，各国要素禀赋不同，造成了产品价格差异。"

丁甲："所以，资源禀赋原理代替了或者说淘汰了比较优势原理，对吗?"

贝博士："不是的，资源禀赋原理不是代替李嘉图比较优势原理，而是发展了比较优势原理，把形成比较优势的基础从技术差异扩展到资源禀赋差异，赋予古典比较优势原理新的内涵，增强了比较优势原理的适用性，对现实的解释能力更强了。"

丁甲："但是，刚才不是说资源禀赋原理假定国家间没有技术差异吗？"

贝博士："这个假定只是为了排除技术差异的干扰，理清资源禀赋差异如何构成贸易的基础。资源禀赋原理并没有否定各国之间存在技术差距。而且，随着社会经济的发展，生产要素外延也在扩展，人力资本、技术创新等新的要素形态被纳入资源禀赋原理，提升了理论的解释能力。

"资源禀赋原理是对李嘉图比较优势原理的继承和发展，在一个更宽的视角下观察分析国际贸易的基础和国际贸易如何促进资源的优化配置，进一步论证了自由贸易促进双方利益的增长。另外，由于考虑的生产要素不止一种，资源禀赋理论还分析了贸易的收入分配效应。这一点我们会在后面的学习中更深入地讨论。"

对资源禀赋原理的误解与检验

辛乙："资源禀赋原理告诉我们一国应该生产并出口密集使用本国丰裕要素的产品，进口密集使用本国稀缺要素的产品。可是世界上可能会有一些最贫穷的国家找不到什么产品来出口，因为在这些国家里，没有一种资源是充裕的，资本匮乏、土地狭小，在一些又小又穷的国家，甚至连劳动也不充裕。这些国家怎么跟别的国家分工和贸易呢？"

贝博士："你这种观点代表了一种很典型的对资源禀赋原理的误解。这种误解来源于对资源禀赋原理中的基本概念的错误认识。什么是要素丰裕？它绝不是各类生产要素绝对数量的比较，而是相对数量的比较，一个国家不可能在所有生产要素上跟所有其他国家的相对比例都一样，只要这个相对比例有差异，按照资源禀赋原理，就有分工贸易的基础。这跟这个国家是贫穷还是富裕没有关系，贫穷与富裕国家的区别在于相对丰裕的要素不一样。你需要再回头看看基本概念哦。"

小易："您刚才说资源禀赋原理是比较优势理论的发展，而且会随着社会经济的变化进一步发展。这是不是意味着这个理论会一直正确，是永恒的真理？"

贝博士："你说的实际上是科学理论的判断标准和理论发展的问题。我们判断一个理论是否科学，首先要看它的逻辑性，是不是一个逻辑严密的体系，科学的理论是不能有逻辑错误的。然后要看这个理论的可验证性，又称为可证伪性，即是不是有被现实推翻的可能。有些理论在逻辑上也能自圆其说，但是不可能被推翻，这样的理论不能给我们提供新的认知。举一个简单的例子，'天下乌鸦一般黑，或者不一般黑。'这个判断把所有可能都说了，没有可证伪性。一个科学的理论应该是逻辑严密的可验证的理论。

"但并不是所有科学的理论都是真理。'实践是检验真理的唯一标准'，科学的理论还要用事实来验证，如果验证之后没有推翻，这个理论可以解释现实，那么就先接受它，可以用它来分析解决问题。如果被推翻了，一般是假定前提与现实偏离太远，需要修改理论增强其解释力，或抛弃这个理论建立新的更具解释力的理论。科学的进步就是不断发展出解释能力更强的理论。"

舒心："那对资源禀赋原理是不是也进行过验证呢？"

贝博士："当然验证过，我给大家介绍一个很有名的对资源禀赋原理的检验。1953 年，经济学家里昂惕夫对资源禀赋原理进行了检验。这个检验是一个典型的科学验证，我们正好可以通过它来了解科学验证应该怎么操作。他验证的思路是这样的：资源禀赋原理告诉我们，一国应该出口密集使用本国丰裕要素的产品，进口密集使用本国稀缺要素的产品；美国是资本丰裕、劳动稀缺的国家；所以美国应该出口资本密集型产品，进口劳动密集型产品。他据此构造出一个指标——出口部门的资本劳动比与进口部门的资本劳动比的比值，按照资源禀赋原理，这个比值应该大于 1，如果现实的数据计算出来的数值小于

1，那就意味着资源禀赋原理被推翻了。他使用1947年美国的出口品的资本劳动投入数据和进口替代品的资本劳动投入数据，计算出来的结果是小于1。这个结果发表出来之后在经济学界引起很大的反响，因为资源禀赋理论逻辑清晰而严密，结论也符合人们的直观判断，是经济学界普遍接受的一个理论，但现在竟然被证明是错的，这是真的吗？为什么会这样？这就是有名的里昂惕夫之谜。

“于是很多学者开始分析其原因，并使用不同国家、不同历史时期的历史数据进行验证，包括里昂惕夫自己也换了另外一年的数据重新做了一次检验，但仍然有一部分结果不支持资源禀赋理论。”

丁甲：“那就是说资源禀赋原理被推翻了？没有价值了？”

贝博士：“不是的，刚才我们说了，一个理论推论的结果与现实不相符，可能是其假定前提与现实偏离太远。因此，经济学家们从资源禀赋理论的假定前提出发，探寻出现里昂惕夫之谜的原因。比如，国家间存在技术差异，美国的技术水平比贸易伙伴高；在不同国家，产品的要素密集型不同；生产要素存在多样性，不能只考虑劳动与资本，还需要考虑自然资源等其他要素；计算资本时应该把人力资本算进去；需求在国家间存在差异可能会逆转贸易模式；市场的不完全竞争、规模经济的影响也可能改变贸易模式；国家间并不是自由贸易，存在很多贸易壁垒；等等。解决的办法，要么调整资源禀赋原理的假定前提，使得它更贴近现实，增强其解释力，比如扩大生产要素的范围，纳入人力资本；要么在新的假定下开创新的理论。经济学家们在这两方面都做了尝试。

“这并不意味着资源禀赋原理没有价值了，它揭示出来的资源禀赋对国际贸易与分工的影响仍然是存在的，但其他因素也在起作用。经济学家们研究的结果表明，在发展中国家的对外贸易中资源禀赋仍起基础性的作用，发达国家之间的贸易中资源禀赋所起的作用相对要弱一些，规模经济、需求等因素所起的作用要大一些。发展中国家还是要立足于自身的资源禀赋开展国际分工和贸易。”

中国的资源禀赋

小易："我们中国的资源禀赋情况如何呢？"

贝博士："我小时候课本里面写的是地大物博、人口众多。这句话反映了我国的土地、自然资源和人口情况。国土总面积为960多万平方千米，居世界第三位，但人均占有国土面积仅为11.65亩（1亩≈666.7平方米）左右，不到世界人均水平的1/3，其中耕地面积约18亿亩，人均耕地面积1.40亩，相当于世界人均耕地面积的37%左右，仅为加拿大的1/18，俄罗斯的1/10，美国的1/8，印度的1/2。中国矿产资源储量潜在价值总量为16.56万亿美元，仅次于美国和俄罗斯，居世界第三，人均矿产资源储量潜在总值为1.51万美元，只有世界平均水平的58%，排名世界第53位。人均资本拥有量是西欧的38%，是北美国家的25%左右。我国人口超过14亿，是世界人口第一大国。所以，从总体上看，我国是劳动力丰裕、其他资源稀缺的国家。"

小易："人口不能直接看成劳动力吧？还有老人和孩子不能算人劳动力。"

贝博士："当然作为生产要素的劳动并不等于总人口，而是劳动年龄人口。如果用劳动年龄人口计算上述资源的人均拥有量，比重会有所上升，但仍然处于较低水平。而且用总人口计算的人均值还在一定程度上体现了需求情况，更全面地反映了自然资源和资本的相对稀缺状况。"

小易："现在不是说劳动力价格上升吗？这是因为劳动力变稀缺了吗？"

贝博士："资源禀赋不是一成不变的。自2012年起，我国劳动年龄人口的数量和比重连续下降。根据第七次全国人口普查结果，截至2020年11月1日零时，我国大陆31个省份16—59岁劳动年龄人口约为 8.8 亿人，总体来看劳动力资源仍然充沛，但人口老龄化程度仍在加深。60 岁及以上人口为 26 401.9 万人，占总人口的 18.70%，其中 65 岁及以上人口为 19 063.5 万人，占总人口的 13.50%。与 2010 年第六次全国人口普查相比，60 岁及以上人口的比重上升了 5.44 个百分点，65 岁及以上人口的比重上升了 4.63 个百分点。

"劳动力供给总量下降的同时，随着经济发展，资本在不断积累，教育水平持续提高，技术快速进步，这就使得人均收入上升，人均资本拥有量上升，人力资本增加，技术水平提升，我国的要素禀赋在发生变化。"

舒心："您刚才说信息也是一种生产要素，我国信息资源是否丰裕?"

贝博士："当前我国经济贸易转型恰逢新工业革命，新工业革命中信息已经成为一种生产要素，而且是一种最基本、最重要的生产要素，不但改变了各部门的生产方式和生产效率，而且是很多产业的基本投入要素。在这样一个数据为王的时代，我国有全球规模最大、上网人数最多的互联网，产生了全球最丰富的数据资源。丰裕的数据资源为我国经济和贸易发展方式朝着数字化、信息化、智能化、绿色化升级提供了重要基础。"

丁甲："市场规模是不是一种资源？我国的市场规模是否有助于产业结构升级?"

贝博士："我们说的资源一般是指供给方面的，市场规模属于需求方面的因素。但是市场规模确实会对我国经济发展产生重要影响。亚当·斯密指出，分工受限于市场规模的大小。我国有 14 亿人口，随着收入水平的提高，市场规模在快速扩大，现在我国的市场规模是世界上少有的，而且还会随着收入水平的上升而扩大。

"我国拥有的这样一个国内大市场，不但能促进专业化分工，还为经济发展提供了强大的需求激励，吸引全球资本、技术和人才等生产要素聚集，为我国产业升级提供了巨大助力。所以我们需要进一步优化创新创业和投资环境，发挥大市场的优势，吸引全球先进科技、智力和资本，为经济发展注入新的活力。”

舒心：“根据资源禀赋原理，随着资源禀赋的改变，我国比较优势是不是也变了？”

贝博士：“对，资源禀赋的变化意味着我国的比较优势随之改变。虽然我国跟发达国家比仍然是劳动力丰裕的国家，但跟有些发展中国家相比，资本和知识技术可能更为丰裕。这就使得我国的对外贸易和分工有更多的层次性。

“资源禀赋是参与分工和贸易的基础，但不能以僵化的、不变的眼光看待一国的资源禀赋和比较优势。关于这一点我们在后面进一步探讨。”

资源禀赋原理的启示

舒心：“昨天的古文阅读课上，我在《淮南子·齐俗训》里面读到这样一段话：‘故尧之治天下也……其导万民也，水处者渔，出处者木，谷处者牧，陆处者农。地宜其事，事宜其械，械宜其用，用宜其人。泽皋织网，陵坂耕田，得以所有易所无，以所工易所拙，是故离叛者寡，而听从者众。’我觉得跟我们今天学的资源禀赋原理好像有点关系，典型的靠山吃山靠水吃水。”

贝博士：“这个例子挺有意思。如果用资源禀赋原理来解读这段话，它的意思就是，管理者引导每个人根据自己的资源禀赋选择生活方式和谋生手段，人尽其才，物尽其用，并相互交换，相互依赖，能增强凝聚力，达到‘离叛者寡，而听从者众’的状态。这说明资源禀赋原理对一个国家、一个组织的管理也有一定的指导意义。”

6

动态调整 夯实基础谋发展

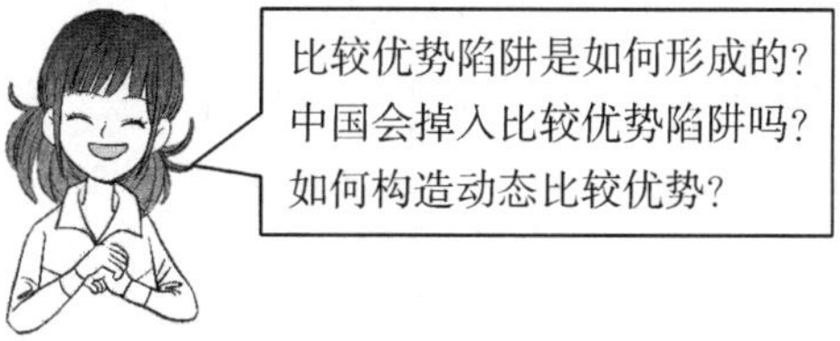

发展中的“陷阱”

今天教室里面有点嘈杂。贝博士走进教室，好奇地问：“大家在讨论什么？这么热闹！”

“我们在说智利因为国内骚乱取消今年在其首都圣地亚哥举行亚太经合组织领导人非正式会议的事情。有人说智利现在这种状况是陷入了拉美陷阱，有人说是中等收入陷阱。”小易回答道。

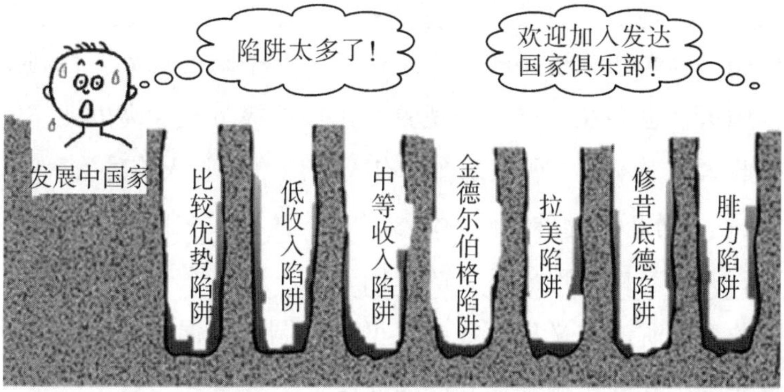

贝博士：“哦，大家还知道不少陷阱啊。那给我说说都是什么意思？你们的分歧在哪？”

丁甲：“‘中等收入陷阱’是指当一国的人均国民总收入达到中等收入水平之后，仍然无法摆脱由低收入时期步入中等收入时期的增长机制和发展模式，其在过去经济快速发展过程中积累的矛盾集中性地爆发，经济增长出现大幅波动或陷入停滞的局面，导致长时期在中等收入水平徘徊不前。落入‘中等收入陷阱’最为典型的国家有拉美地区的巴西、阿根廷和墨西哥，因此中等收入陷阱又称为‘拉美陷阱’。后来东南亚地区一些国家也落入了‘中等收入陷阱’，包括泰国、菲律宾和马来西亚。这是我从书上看来的。”

辛乙：“不对，‘拉美陷阱’是指拉美国家出现的贫富不均两极分化，过度城市化造成环境恶化、失业人口较多、公共服务不足的现象，跟‘中等收入陷阱’不一样。而且智利已经是高收入国家了，它面临的肯定不是‘中等收入陷阱’吧。”

贝博士：“大家讨论的是一个很有意思的问题。现在国际经济和国际政治领域研究中发明了很多‘陷阱’，比如，除了刚才大家提到的拉美陷阱、中等收入陷阱，还有低收入陷阱，国际政治领域中还有很多，我们就不说了。我们来看一下国际经济中所谓的陷阱是什么意思。这些陷阱虽然各有侧重，但有一个共同点，那就是人均收入在某一个水平徘徊，增长一段时间后就会衰退、出现危机，然后人均收入倒退，如此反复。这就是所谓陷阱的含义，在这个循环里面出不来。当然，在这个循环里面往往还伴随贫富悬殊、失业率高的现象。智利虽然是高收入国家，也存在上述一些现象，比如两极分化、高失业率、普通民众的收入停滞不前。所以现在又有人提出‘高收入陷阱’。

“我们在分析问题的时候一定要注意，这些‘陷阱’只是描述了一个现象，并没有揭示现象产生的原因，更不是什么普遍的规律。虽然在中等收入陷阱的定义里面提到了增长机制和发展模式，但并没有明确到底是什么样的机制和模式，因此我们需要进一步思考产生这些现象的原因。

“对了，今天的课前准备你们做得怎么样了？”

舒心：“我们准备了一场庭审，审理对象是比较优势原理，不过这里的控方、辩方和审判长等角色并没有固定的人来演，每一个人都可以来发表意见，通过后台操控让智能机器人扮演的角色表达出来。”

贝博士：“哇，这么有趣。咱们开始吧。”

对比较优势原理的“审判”

地点：模拟法庭 203 室

原告：陷入发展困境的国家

被告：比较优势原理

审判长：今天开庭审理比较优势陷阱一案，原告是自称掉入比较优势陷阱的国家，被告是比较优势原理。双方均委托了代理律师。先由原告方陈述，然后双方辩论。

原告：我方控告被告让我们掉入比较优势陷阱，现在国内政局动荡、经济停滞、贫富悬殊，被告要为此承担全部责任。

被告：请问什么是比较优势陷阱？现在几乎每天都听到各种陷阱，陷阱是不是太多了点？能不能不要整天沉迷于制造新词、玩弄新概念？请用大家都明白的词说话。

原告：比较优势陷阱已经不是什么新词了。不过既然你不知道，我愿意给你做个科普。“比较优势陷阱”指一国完全按照比较优势，生产并出口初级产品或劳动密集型产品，在与技术和资本密集型产品出口为主的经济发达国家的国际贸易中，虽然能获得利益，但总是处于不利地位。

被告：什么不利地位？请明确说明，不要含糊其词。

原告：这种不利地位指的是与发达国家收入差距拉大，无法追上发达国家的收入水平。

被告：你确定你们指控的不是中等收入陷阱？

原告：确定！所谓中等收入陷阱只不过是明面上的替罪羊，我们控告的是幕后的真凶——比较优势原理。而且我们不仅有中等收入国家，还有低收入国家和高收入国家，我们都面临着同样的问题——政局动荡、经济停滞、贫富悬殊，而造成这一切的罪魁祸首就是比较优势原理。正是它制造的比较优势陷阱让我们陷入目前的处境。

被告：你们的情况完全一样吗？

原告：不，我们掉入的比较优势陷阱有两种类型。第一种是初级产品比较优势陷阱，指完全按照机会成本的大小来确定本国在国际分工中的位置，运用资源优势参与国际分工，只能获得相对较低的附加值，长期陷入低附加值环节，而且市场风险大，一旦世界经济不景气，资源产品需求下降，我们就面临衰退的危机。

第二种类型是制成品比较优势陷阱。由于初级产品出口的形势恶化，我们有些国家开始以制成品来替代初级产品的出口，利用技术进步来促进产业升级。但由于自身基础薄弱，主要通过大量引进、模仿先进技术或接受技术外溢和改进型技术等作为手段来改善在国际分工中的地位，争取高附加值环节。但是由于过度的依赖技术引进，使自主创新能力长期得不到提高，只能依赖发达国家的技术进步，而发达国家又不愿转让核心技术，我们只能跟在后面买落后的技术，产业结构一直处于落后状态，仍然会陷入低附加值环节。

被告：你们把这一切都怪到比较优势原理的头上？

原告：当然，比较优势原理不是说贸易是互利双赢的吗？它告诉我们按照比较优势分工和贸易是最有利的，可是我们按照它的话做了之后却落得这样的结果。

被告：我想你们误会了。对，贸易是互利双赢的，但得到的利益不一定相同啊，得到利益的多少还要看贸易条件。

原告：请说清楚是什么条件！

被告：贸易条件实质上就是交换的比例，比如我用油跟你换电脑，同样是换一台电脑，跟用两桶油换一台电脑比，只用一桶油交换肯定更划算啊。贸易条件是出口价格与进口价格的比，可以理解为一个单位的出口品能换回来多少进口品。出口价格越高、进口价格越低，本国贸易条件越好，从贸易中得到的好处越多。比较优势原理从来没告诉你们，大家从贸易中得到的好处是一样多的。

初级产品进入门槛低，很多国家都可以生产出口，竞争激烈，初级产品的国际价格下滑，而资本与技术密集的产品进入门槛高，竞争相对较小，甚至有垄断利润，国际价格高。这就导致初级产品出口国的贸易条件恶化，严重的甚至会出现贫困化增长现象，即经济增长了，出口增加了，但是收入水平却下降了，其原因就在于贸易条件恶化让初级产品出口国得到的贸易利益大幅下降。所以，如果一直生产出口初级产品，贸易条件恶化是可预期的结果。这一点比较优势原理也没有否认啊。

对了，你们的自然资源是不是都挺丰富的？

原告：是的，我们来自非洲、东南亚和南美，自然资源都很丰富。

被告：那你们为什么不去想想自己是不是中了“资源诅咒”？你们知道“资源诅咒”吗？请注意，我说的不是巫术。

原告：知道。现在你也玩起概念来了。资源诅咒是指大多数自然资源丰裕的国家比那些资源稀缺的国家增长得更慢的现象，越来越多资源丰裕的国家陷入了增长陷阱。但是我们觉得还是比较优势原理在推波助澜。

被告：怎么说？

原告：资源丰裕构成了发展资源密集型产业比较优势的基础，而资源密集型产业的发展，会让其他产业的要素向资源密集型产业流动。

被告：为什么呢？

原告：因为资源密集型产业在生产中不可能只使用自然资源，还需要其他要素的配合，该行业的发展会增加对其他要素的需求，提高其他要素价格，促使其他要素向资源密集型产业流动，从而引起其他产业的萎缩。同时资源密集型产品出口的增长使得本国外汇收入增加，本币升值，本国出口产品变贵，使其他产业的出口减少，进一步产生不利影响。资源开发还会加大生态环境压力，脆弱的自然环境状况反过来又阻碍了经济发展。在资源接近枯竭时，经济发展的可持续性受到了严峻的挑战，由此引发了大量的失业和社会不稳定问题。你看在这个过程中是不是还能看到比较优势原理的身影？我们哪里误会它了？

被告：我说你们误会了是一种客气的说法，不客气地说，你们根本没有理解比较优势原理。

原告：啊？狡辩可是没有用的！

被告：是不是狡辩，听过你就知道了。比较优势原理告诉我们按照比较优势分工贸易对双方都有利，但从来没有说过一国的比较优势是固定不变的。你们非要按照固定不变的比较优势来发展经济，怪得了谁？

原告：还说你不是狡辩？比较优势原理难道不是静态的理论吗？

被告：比较优势原理是应用了比较静态的分析方法，即把两种均衡状态进行比较，按照比较优势进行分工贸易所形成的均衡状态，与自给自足的均衡状态相比，福利水平提高了。但这并不意味着比较优势原理就是静态的。恰恰相反，它是一个动态的理论，因为它的基础是动态的。

原告：什么基础？

被告：要素禀赋和要素密集度啊。比较优势原理就是在国家之间的要素禀赋差异和产品间的要素密集度差异的基础上推导出来的。而各国的要素禀赋和产品的要素密集度是动态变化的。听说过产品生命周期理论吗？

原告：别卖关子，你就说什么意思吧！

被告：产品像人一样，也有新生、成长、成熟、衰亡的生命周期。在生命周期的不同阶段，产品的要素密集度是不一样的。在新生期，需要大量的研发投入，产品是知识、技术、资本密集的。在成长期，所需要的知识技术减少，资本投入增多，产品是资本密集的。到了成熟期，劳动成了决定产品成本的主要因素，产品成了劳动密集的。

原告：你这都扯哪去了？这跟比较优势陷阱有关系吗？

被告：没有关系。我从来没承认过你们说的比较优势陷阱是对的。比较优势陷阱是对比较优势原理的污蔑。

审判长：好了，被告不要下判断，最终的判断应该由法庭做出。

被告继续陈述理由。

被告：好的，审判长。是因为他太没耐心了，等不及我说完就来打岔，我气不过才这样说的。不过我说的都是事实。正是因为产品在其生命周期的不同阶段具有不同的要素密集度，所以不同要素禀赋类型的国家在产品生命周期的不同阶段上具有生产该产品的比较优势。知识技术充裕的国家在新生期具有比较优势，资本充裕的国家在成长期具有比较优势，劳动充裕的国家在成熟期具有比较优势。这难道不能说明比较优势是动态的吗？

原告：我反对。尽管产品在生命周期的不同阶段由不同的国家生产，一国生产的产品会随着时间而变化，但是，各国的要素禀赋并没有变，你在生产劳动密集型产品上有比较优势，还是一直在劳动密集型产品上有比较优势，分工模式没变吧？

审判长：反对有效。从各国所生产的产品要素密集型上看，各国的比较优势并没有变。请被告回答原告的问题。

被告：资源禀赋也可以变啊。随着经济发展，通过资本积累可以使一国的资本丰裕度提高，吸引外商直接投资也可以提高一国的资本丰裕度。积累了资金可以去做研发，提高技术水平，还可以从国外引进技术提高技术水平。要素禀赋变了，比较优势也会随之发生改变，相应的产业结构也可以随之调整。你们说比较优势原理是不是动态的理论？你们又怎能把产业结构固化的责任归到它的身上？

原告：可是你又怎么解释我们面临的问题？我们不但与发达国家的差距越来越大，国内也存在一些问题，如贫富悬殊、经济不振。如果我们采用进口替代战略，发展先进的产业，说不定就不会出这样的问题了。

被告：我想你应该去读一读世界经济史，世界经济史已经给出了答案。实行进口替代战略的国家发展情况如何，我相信大家也都看到了，包括你们中的一些国家也曾经实施过，效果如何，这些国家应该有切身的体会。现在我要说的是，请你们不要用莫须有的罪名来指责比较优势原理。它是无辜的！

审判长：原告还有什么需要陈述的吗？

原告：我们需要再想一想，需要补充新的证据。

审判长：被告还有什么需要补充的吗？

被告：我再次申明，比较优势原理是无辜的，原告的控诉缺乏事实依据和理论基础，原告制造出“比较优势陷阱”这样贬低性的字眼，是对比较优势的污名化，损害了被告的名誉权，我方保留进一步追究的权利。

审判长：现在我宣布休庭，本案待合议庭合议后择期宣判。

比较优势与智利困境

贝博士鼓掌称赞：“好！大家准备得很充分。”

舒心：“我们还是有些疑问。按照比较优势进行分工和贸易与进口替代战略比较起来，哪一个更好？”

贝博士：“在 20 世纪五六十年代，有一批发展中国家采取过进口替代战略，通过政府扶持优先发展先进的产业，企图实现对发达国家的赶超，所以又称为赶超战略。我们中国也在其中，优先发展重工业，通过工业品价格和农产品价格的剪刀差，转移农业剩余产能发展工业，尤其是重工业。事实证明，这种发展战略有利于在短时间内建立起比较完整的工业体系，尤其是重工业可得到长足发展，但是发展了一段时间后，却难以为继。

“根据比较优势原理我们知道，一国的产业结构根本上取决于国内要素禀赋，要素禀赋升级是产业结构升级的基础。如果违反比较优势超前建立不符合本国要素禀赋的产业，这样的产业是缺乏市场竞争力的，没有政府的扶持就无法生存下去，更谈不上为经济发展积累资金了。

“如果建立的产业能充分利用其资源禀赋形成的比较优势，则其生产成本较低，竞争力强，创造的剩余就多，能够带来更多的积累，从而更快地实现要素禀赋的升级，产业升级也就具有了基础。”

小易：“那为什么有那么多的国家在抱怨按比较优势发展经济导致其经济出现问题呢？除了刚才讲的对比较优势原理的误解，还有没有其他原因？比如智利自从 20 世纪 70 年代放弃进口替代战略，采用芝加哥学派的自由放任政策之后，算是世界上最自由的经济体之一，按照比较优势出口矿产资源，人均收入也达到了 16 000 美元，属于高收入国家，可是现在还是出了问题，据说这跟它的产业结构有很大关系。为什么会这样？它按照比较优势发展经济，收入增加了，为什么产业结构没有变？”

贝博士：“这是个很好的问题。按照比较优势分工，产业具有竞争力，积累速度快，要素禀赋快速提升，产业结构升级。在这个逻辑链条中，从发展具有比较优势的产业，到资本积累，再到要素禀赋提升，再到产业结构升级，每一步都不是必然发生的，可能会遇到一些问题。发展比较优势产业，企业有竞争力，可以获得利润，但是得到利润之后是不是一定用于积累呢？可能会用于消费或者流向国外，这与国内的投资环境和投资报酬率有关，如果投资环境差、投资报酬率低，利润就难以形成投资。资本积累后也不一定能提升要素禀赋，特别是人力资本的积累可能不足，尤其是在资源型经济中，对人力资本的需求低，人力资本投资报酬低，就会导致人力资本外流。要素禀赋提升之后也不意味着产业结构就一定能提升，基础设施不足、企业创新的外部性等制约因素，都会成为产业升级的障碍。

“我们就以智利为例，智利矿产资源尤其是铜矿资源非常丰富，其比较优势无疑在于自然资源行业。放弃进口替代战略，采用自由经济政策之后，从 20 世纪 80 年代开始，智利经济常年保持高速增长，成为西方国家口中新自由主义改革的典范，其模式也被称为‘智利模式’。在‘智利模式’下，国有企业以及养老体系进行了私有化，工会和各项福利制度被废除，企业税收降低，大量吸引外资，政府扮演‘守夜人’的角色，除提供基本的法制和社会秩序外，最低度地干预市场。对外贸易自由化，签署了20多个自由贸易协定，与签署协定国家的平均关税低至1.2%，石油、铜矿等原材料和渔业等初级产品大量出口，工业制成品主要靠进口（如图6.1）。”

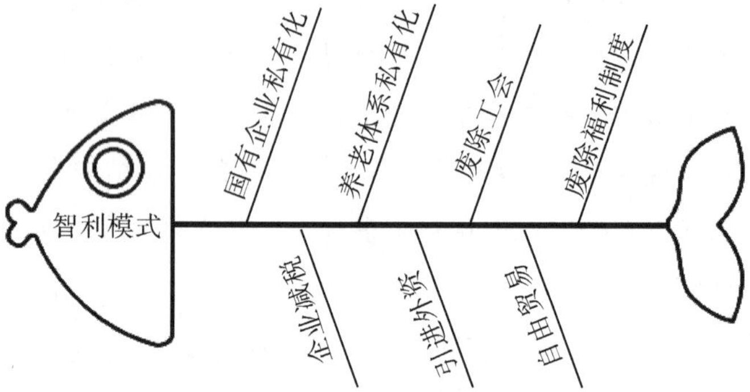

图6.1　智利模式

贝博士：“但是，智利的产业结构几十年不变，现在仍然严重依赖资源出口，出口产品受国际市场价格波动影响很大。由于近年来全球经济复苏乏力，大宗商品价格的大幅下跌，智利的出口收入下降，失业率上升，加上公共福利的缺乏，这就加剧了低收入群体的失败感和被抛弃感。长期以来，智利由极少数的精英家族领衔的利益集团掌控着社会经济资源，加剧贫富两极分化，降低社会阶层流动性，积累了大量社会矛盾。2019年，智利因为地铁涨价引发骚乱，具体原因是智利地铁高峰时段票价上涨了30比索，合人民币才3毛钱左右。不了解情况的人可能觉得不可思议，殊不知这是社会矛盾长期积累的结果，地铁涨价只不过是压倒骆驼的最后一根稻草罢了。

“为什么智利的产业结构长期不变？出口资源是赚了很多钱的啊。这可以从它的人均收入看出来，现在已经达到人均年收入16 000美元。这就是刚才我们说的，发展比较优势产业可以赚钱，但不一定能促进产业结构升级。钱被谁赚去了呢？一个是外资，一个是国内精英家族集团。普通的智利民众并没有从中受益多少。根据世界银行的统计，智利一半工人的年收入低于6 600美元，大多数人的收入远远低于平均水平，贫困发生率高达8.6%，贫富分化严重，触目惊心。赚到钱的那些利益集团并不在意产业是否升级，它们把持了矿产资源的开发，赚得盆满钵满，根本不需要发展新的产业。矿产开发所需人力资本和技术也没有大幅提升的需要，所以它们对人力资本开发和技术进步也没有热情，对基础设施建设也没多大兴趣。当然，人力资本投资、技术开发和基础设施建设本身具有外部性，私人企业积极性不高也不奇怪。但是智利政府秉承芝加哥学派自由放任的原则，也不管不问。

"有一个例子可以看出智利政府的态度。20世纪90年代，英特尔公司想到拉美建生产基地，看中了智利自由的营商环境。在跟智利政府洽谈时，英特尔准备投资几十亿美元，但是要求智利政府做好基础设施建设，并且为其提供配套的教育，以供应具备合适人力资本的劳动力。智利政府却拒绝了，认为这是市场的事，政府不应该干预。

"可以看出，智利的问题跟自然资源有关，但责任不能由自然资源来背。近代以来的经济发展史表明，自然资源对于一国国民财富的初始积累起到了非常关键的作用，如美国、澳大利亚、加拿大和斯堪的纳维亚地区的快速工业化与其丰裕的自然资源密不可分。这说明自然资源并不必然导致问题出现。但智利和其他一些国家的例子又从反面证明自然资源反而成了经济发展的拖累。

"历史和现实说明，从自然资源比较优势到产业结构升级，中间环节无法完全依靠市场自身来推动。如果你认为这就是比较优势陷阱，那这个锅就要由比较优势原理来背了。不过比较优势原理也许会感到冤屈。政府凭什么当甩手掌柜？为什么政府不能发挥自身的作用？"

小易："是不是可以这样理解，政府和市场在经济发展过程中都存在不足，即所谓政府失灵和市场失灵，为了经济健康发展，政府和市场应该互相补锅，而不是互相甩锅？"

贝博士："对的，林毅夫在其提出的新结构经济学中，就主张经济发展应该遵循比较优势战略，让市场发挥基础性作用，同时政府应该发挥因势利导的作用。"

辛乙："怎么理解因势利导？"

贝博士："就是让市场发挥配置资源的基础作用，同时在市场机制之外，政府发挥协调或提供基础设施、补偿外部性的作用，促进产业的多样化和升级。"

丁甲："产业升级我理解，但是为什么要产业多样化？"

贝博士："因为经济发展过程不是从落后一下跳到发达，中间有一个连续变化的过程，经济发展是人均收入水平持续增加的过程，这个过程不仅要求现有产业必须持续引入新的更好的技术，而且还要求现有产业必须不断从劳动力或自然资源密集型产业向新的、资本密集型的产业升级。由于这个过程体现为从发展水平的低端到高端的连续变化，其中包含许多经济发展的中间水平，发展中国家面临要素密集度不同的一系列产业可供选择，产业多样化有助于产业升级过程中的平稳过渡。"

小易："具体该如何实现产业的升级？"

贝博士："产业多样化和产业升级的本质是一个创新过程，在这个程中，一些先驱企业会为经济中的其他企业创造公共知识，任何一个企业对这些公共知识的消费都不会影响其他企业对它们的消费，而且没有一家企业能够对这些公共知识做到完全排他性的占有。"

丁甲："非竞争性与非排他性，这是公共产品的属性。"

贝博士："对。同时，基础设施的改进具有很大的外部性。公共产品属性和外部性使得市场机制在促进产业升级中存在不足。因此，在市场机制以外，政府还必须在发展过程中发挥积极作用，补偿外部性，提供基础设施，促进公共知识的产生，以保证产业的多样化和升级顺利进行。"

辛乙："政府发挥作用的领域很大吗？"

贝博士："根据林毅夫的新结构经济学，政府在产业多样化和产业升级过程中的作为，应被限制在为新产业提供信息、为同一产业中不同企业的相互关联投资提供协调、为先驱企业补偿信息外部性，以及通过鼓励外商直接投资来培育新产业这四个方面。"

小易："这个说起来简单，但是要花很多钱吧？政府有那么多资金吗？"

贝博士："可以从资源商品收入中拿出合理的一部分用于人力资本、基础设施和社会资本的投资。而且为使这种投资效应最大化，投资应更多集中于增长瓶颈，特别是基础设施和教育。另外还应积极吸引外商直接投资。外商直接投资除了带来资金，还会带来技术、管理、市场渠道和社会网络，而这些正是发展中国家所缺乏的，也是其产业升级所必需的。参与全球化使发展中国家能够利用后发优势，达到比处于世界技术前沿的国家更快的技术进步。"

辛乙："但是智利引入的外资怎么没有发挥产业升级的作用呢？"

贝博士："外资也需要政府的引导。全球化只是提供一个技术追赶的机会，能不能抓住机会，还要看各国有没有相应的技术发展的环境。政府应引导、营造这样的环境。"

舒心："还记得前面提到第二类比较优势陷阱，发展中国家主要靠引进技术实现技术升级，可是无法从发达国家获取最先进的核心技术，始终处于落后状态。您刚才也说到发展中国家参与全球化，利用后发优势，缩小与发达国家之间的差距。但是当发达国家不再愿意转让技术的时候怎么办？"

贝博士："此时应该以自主研发为主，前提是相应的要素禀赋要跟上，比如创新人才、基础科学与配套技术、研发资金等。"

小易："新结构经济学所说的发展战略与动态比较优势有什么关系？"

贝博士："新结构经济学的比较优势战略主张在经济发展的每一个阶段都应该遵循比较优势原理，这样才能够更快地积累发展资金，实现要素结构的改变，推动产业结构升级。政府在这个过程中积极有为，消除外部性，引导要素禀赋的提升和产业升级顺利进行。动态比较优势理论是指比较优势可以通过专业化学习、投资创新及经验积累等后天因素人为地创造出来，强调比较优势的内生性，因此经济发展具有内在的动力。两者内在的逻辑是相通的，不过比较优势战略更强调积极有为政府在经济发展中的作用（如图6.2）”。

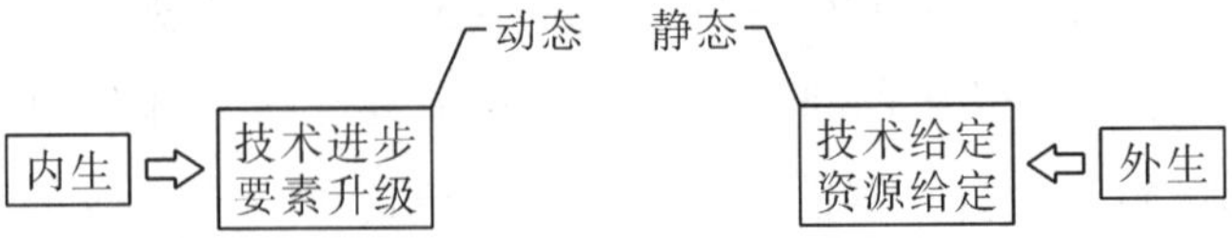

图6.2　内生与外生

小易：“什么叫内生？内部生成的？”

贝博士：“内生就是经济系统内在运行过程中形成的，不是先天给定的，先天给定的叫外生的。其实内生和外生是相互联系的，现在外生的比较优势可能是前期内生形成的，现在内生的比较优势可能是在外生比较优势的基础上形成的。比较优势发展战略中比较优势也是动态调整的，随着经济发展过程中资源禀赋的改变而调整，导致产业结构随之调整。”

比较优势变动与中国经济贸易转型

舒心：“当前我国的比较优势有没有变化？对经济贸易发展和转型有什么影响？”

贝博士：“中国经济在改革开放后通过渐进式市场化改革，发挥劳动力资源丰富的比较优势，积极引进外资，大力发展劳动密集型产品和劳动密集型环节对外贸易，技术水平快速提升，推动中国经济高速增长，成为制造业大国、第一贸易大国，有些产业已经站到世界前沿。2018年我国人均国民收入达到9 732美元，高于中等收入国家平均水平。如此亮眼的经济发展成绩，跟我国充分利用自身比较优势是分不开的。

“近几年经济增速放缓，要素禀赋有所变化，产业结构和对外贸易结构面临调整。从我国的发展需要看，劳动密集型的低附加值产业逐步减少，资本密集、技术密集的高新技术产业逐步增加，以实现产业升级和在全球价值链上的攀升。根据世界经济史和中国自身的发展经验，成功的产业升级是顺应比较优势的，有赖于要素禀赋的提升。产业结构并不是越高越好，如果不顾资源禀赋情况，强行推动产业结构升级，可能会重蹈赶超战略的覆辙。当前我国要素禀赋所发生的变化是产业结构和贸易结构调整的契机，但基础尚不够扎实。”

丁甲：“上一次课我们已经知道中国的要素禀赋已经变了。”

贝博士：“对，前文我们已经说到中国的要素禀赋已经发生了变化。目前的基本情况是，劳动力供给减少，劳动丰裕度下降，资本丰裕度上升，技术水平提升。与过去相比，我国要素禀赋中人力资本更加丰裕，基础教育普及率高，高等教育已进入大众化阶段，本科和研究生规模扩大，出国留学人员回国数量大大增加，职业培训逐渐普及，企业家队伍逐渐成熟。2018 年我国研发经费投入总量为 19 677.9 亿元，仅次于美国，研发经费投入强度，就是研发经费占 GDP 的比值为 2.19%。与有些发展中国家相比，我国已经是资本丰裕、技术丰裕的了。但与发达国家相比，我国劳动力丰裕的基本态势没有变。要全面赶上发达国家，还需要进一步的资本积累和技术进步。”

辛乙：“感觉现在发达国家对中国的技术限制越来越严，特别是美国对我国的技术限制特别严，我国靠从国外引进的途径实现技术进步越来越难。”

贝博士：“因为随着我国技术水平的提高，与发达国家技术差距缩小，某些领域甚至处于世界领先地位，发达国家为了维护自身技术优势，会对核心技术进行保护，我们无法再像过去那样通过大量引进推动技术进步，现在自主研发将逐渐成为技术进步的主要途径。这就需要进一步提升人力资本和增加研发投入。

“这个过程中必然会出现诸多的外部性问题需要政府发挥因势利导

的作用。对于接近或已经位于全球产业链前沿的产业，我国政府可以借鉴发达国家的经验，加速技术创新和产业升级，比如专利管理、对基础科研的扶持、政府采购，甚至包括对使用某些技术或产品的行政指令。如果像智利政府那样完全放任自流，不解决外部性问题、弥补市场机制的不足，最终会导致资源禀赋无法提升，产业结构无法调整，也无法在全球价值链中升级。”

对个人发展的启示

贝博士：“俄林曾经说过，个人劳动分工与贸易分工具有相似性，均受天然资质或禀赋的制约。俄林这里说的天然资质指的是先天的禀赋，就是我们选择不了的，生来就有的禀赋。其实我们还有后天形成的禀赋，就是通过学习和训练形成的禀赋。就像国家一样，个人的禀赋也是可以动态变化的。那么对于我们个人来说有哪些先天禀赋、哪些后天禀赋呢？”

小易：“家庭条件是先天禀赋，因为出生在什么样的家庭我们自己选择不了，可能我一出生就是个‘富二代’，也可能是个普通人。”

辛乙：“个人天赋也是先天禀赋，有些人某方面有天赋，学起来就特别快。”

舒心：“知识和技能是后天禀赋，是通过学习和训练获得的。”

丁甲：“健康是先天禀赋，由基因决定的。”

小易：“不对，健康应该还受出生后的营养、保健和锻炼的影响，也有后天的因素吧？”

贝博士：“是的，健康既有先天因素，也有后天因素，知识、技能与健康是人力资本投资的主要内容。”

丁甲：“那学习能力也兼具先天与后天的特性，既受天赋的影响，也跟后天的训练有关。”

舒心："对了，还有时间，这是我们最重要的资源，每个人都一样，每天 24 小时，是先天给定的。"

辛乙："不一样吧，虽然每天时间是一样的，但每个人的寿命是不一样的，一生的时间总长度不同。"

小易："是不是还要考虑时间的利用效率？同样的 24 小时，有的人利用效率高，可以做很多事情，有的人只能做一点点，甚至什么也没做。所以从有效时间的角度看，不同的人每天时间是不一样的。所以时间也是兼具先天与后天的特性。"

舒心："我倒觉得把时间利用能力分离出来，作为一个单独的禀赋比较好，而且它属于后天的（参见图 6.3）。"

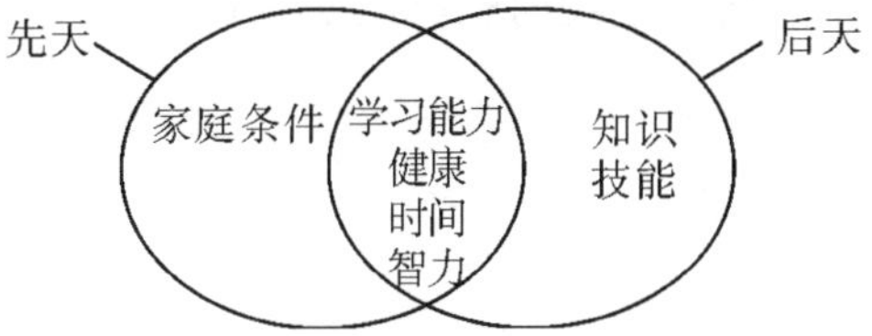

图 6.3 个人禀赋

贝博士："大家考虑问题的角度很有启发性哦。下面请大家思考这样一个问题：我们在职业生涯中，如何根据自身的禀赋进行职业规划呢？"

舒心："我觉得要按照自身的禀赋选择职业，就像我们前面学的，每个人都要做自己擅长的，而每个人的禀赋决定了他擅长什么。"

小易："家庭背景这些先天的因素对一个人的职业选择也有很大影响。"

贝博士："这一点不可否认，家庭因素对一个人的发展有重要影响。不过在一个健康的社会，阶层之间是可以流动的，人们可以通过后天的奋斗，达到比父辈更高的阶层。一个不努力的人，即使家庭条件好，也可能从他父辈所处的阶层滑下来。所以后天的禀赋更重要。阶层的流动性对一个社会的健康运作非常重要。"

小易："那国家的阶层流动性是不是也很重要呢？落后国家通过产

业和价值链升级赶超先进国家，也算是一种阶层流动吧？”

贝博士：“你想的这一点很有意思，我赞同你的观点。在任何一个团体中，落后者如果没有赶上先进者的希望，这个团体就会死气沉沉，甚至引发很多问题。当然，国家之间的这种流动性更复杂。我们还是回到个人的职业规划。我们在做职业规划的时候，一方面要考虑自己现在的禀赋，要善用自己的全部禀赋，根据自己的优势选择职业。但另一方面，职业选择不是终生不变的，每个人都有职业发展的需要，都要往上走，我们要有个人禀赋提升计划，根据自己的职业发展目标，强化自己的优势或弥补自己的劣势，打通职业上升通道。机会总是留给有准备的人。提升个人的禀赋就是为职业发展做准备，当机会来临时可以抓住机会。这两点是我们职业规划的原则。”

7

深度分工 贸易投资已合流

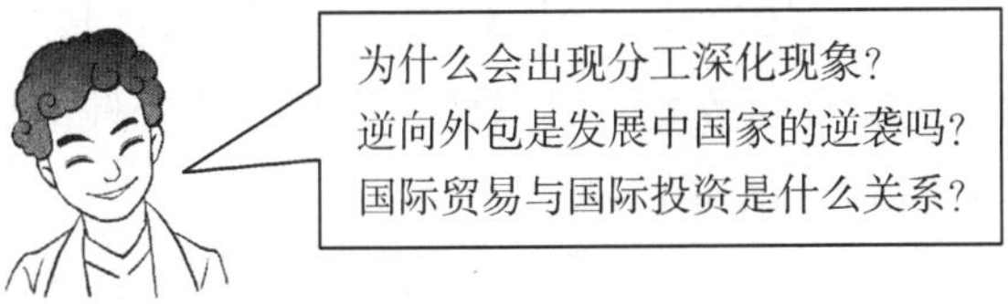

全球化时代手机产地之谜

小易打开网络学习平台，贝博士就是通过这个平台向学生发布通知和学习资料，还可以在上面交流讨论。小易准备向贝博士请教一个问题。奶奶的手机丢了，爸爸给她买了一台苹果手机，但是奶奶坚持让爸爸把手机退了，理由是现在中美贸易摩擦比较激烈，她不想买美国货。爸爸让小易说服奶奶不要换了。小易知道现在产品生产过程比较复杂，把苹果手机算作美国产品好像有问题，但在一般人的认识里，苹果手机就是美国货。等不及上课小易就在学习平台里面发起了一个话题，请大家一起讨论，并@贝博士解答。

贝博士很快进行了回复：“这涉及货物原产地的问题。原产地就是货物的经济国籍，你在国外可以看到很多产品上面都有一个标签‘MADE IN CHINA’，表明这件产品被认定是中国生产的。那么怎么认定货物的原产地呢？这就需要相应的标准，即原产地规则。粗略地划分，原产地规则有两类，分别对应货物生产的两种情形：整件生产标准和实质性改变标准。

“如果一件产品整个都是在一个国家或地区生产的，则该产品的原产地就是这个国家或地区。但是由于经济全球化，企业生产网络遍布全球，很多产品的生产是由多个国家或地区共同完成的，比如苹果手机，它的零部件由包括中国在内的很多个国家的企业提供，最后在中国组装，所以确定它的原产地就没法用整件生产标准。这个时候就要用到实质性改变标准，即让货物发生实质性改变的国家或地区就是它的原产地。至于怎么样才算是实质性改变，可以使用税则号改变标准、关键工序标准或增值百分比标准（见图 7.1）。”

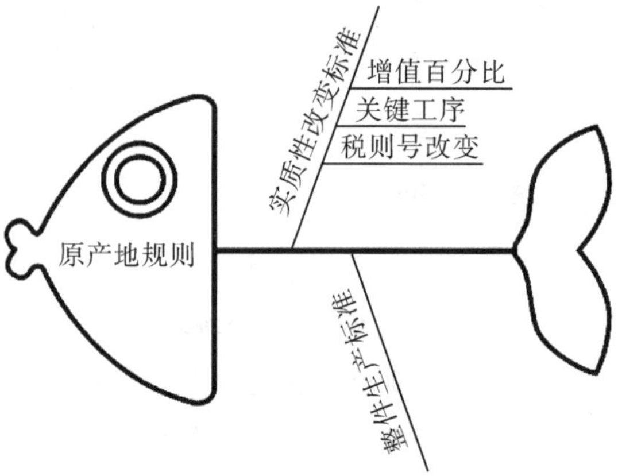

图 7.1　原产地标准

小易：“原产地与我们日常所说的美国货、日本货，是一个意思吗?”

贝博士：“原产地是为了方便征收关税或采取贸易救济措施时确定实施对象而确定的。通常理解的哪国货物更侧重货物品牌的归属，比如苹果这个品牌是美国的，华为则是中国的。但从经济利益上看，由于企业生产经营的全球化布局，产品的经济利益涉及很多国家，并不是品牌所有国得到全部利益。就像苹果手机，不仅给美国带来利益，也给中国的供应商与加工企业带来了收入，给中国带来就业和税收。而我们中国的品牌华为也要采购美国企业生产的零部件，与苹果公司一样，都是全球化企业。这跟前面我们讲过的产品间分工比较起来，属于更深入的分工合作，相同的是合作方都能从中受益。你可以告诉奶奶没必要抵制美国货。当然，如果老人家就是不喜欢苹果手机，你给换成华为的也无妨嘛。”

小易：“就是说现在确定一个产品的国籍是一件困难的事情?”

贝博士："从理论上说，如果原产地规则清楚，弄清产品的原产地倒也不难，只是实际操作比较复杂，需要知道该产品生产情况。就拿苹果手机为例，一部手机涉及很多个零部件、很多个生产环节，每一个零部件、每一个环节都有很多个国家或地区的供应商可供选择，但具体到一部手机上，它使用的一个零部件就来自一个供应商，不同手机使用的零部件的来源可能是不一样的。如果使用增值百分比的方法，就需要不同批次甚至不同单体手机都需要分别计算，才能判断其原产地。如果使用工序标准，就要在确定实质性改变工序后，根据该工序实施国来确定其原产地。产品的品牌相对来说比较容易确定其国籍，但品牌不能代表全部的经济利益，只要参与生产流通，就会产生相应的经济利益。因此，在经济全球化的背景下，不宜过分强调产品的国籍。"

同一型号的苹果手机可能原产地不一样

小易："那为什么还要制定什么原产地规则呢？"

贝博士："原产地规则主要用于贸易中关税税率的确定，不同原产地的货物可能适用不同的税率。同样的货物，来源不同可能税率就不一样，要看出口方跟进口方之间是否有相关的优惠贸易协定。在实施反倾销、反补贴时也需要根据货物的原产地确定实施对象。这些都需要相应的原产地规则作为判定货物原产地的标准。"

产品内分工、供应链分工与价值链分工

丁甲："现在的分工与前面我们讨论的分工已经不一样了吗？以前都是说各自生产自己有比较优势的产品，现在很多产品的生产都变得零零碎碎了，这还叫分工吗？比较优势原理还适用吗？"

贝博士："这是分工的深化，分工已经深入产品内部，产品生产过程被分成很多个部分和环节，产品生产的不同工序、不同环节、不同零部件在空间上分布到不同国家，每个国家专业化从事整个生产链条上的特定部分。这就是产品内分工，有时又称为按工序分工。

"比较优势理论对于产品内分工依然适用，只不过分工的边界深入产品内部。产品生产的链条按要素密集度的不同分为自然资源密集环节、劳动密集环节、资本密集环节、技术密集环节，各国依据自身的要素禀赋在不同环节的生产上具有比较优势，则按照比较优势进行分工，就会出现我们看到的一件产品由多个国家分工来完成的现象。"

辛乙："我听到过一种说法叫'供应链管理'，是不是跟产品内分工是一回事？"

贝博士："供应链包含的范围更宽一些，除了生产还包括配送和分销等环节的整个供应链条，而且供应链上各环节可能在企业内部，也可能跟其他企业分工。分工的基础是一样的，按照各环节的要素密集型，由不同要素禀赋的国家根据比较优势原则进行分工。供应链管理更多的是从企业角度思考如何降低成本。全球供应链管理是在全球范围内组合供应链，将供应链系统延伸至整个世界范围，根据企业的需要在世界各地选取最有竞争力的合作伙伴（见图 7.2）。产品内分工则是从更宏观的视角观察分工现象，与产品间分工相对应。从产业间分工到产业内分工，再到产品内分工，这是一个不断深化的过程。"

图 7.2　供应链

辛乙："那按价值链分工又是什么意思呢？"

贝博士："价值链是从价值增值这一角度观察问题。处于价值链上的企业进行着从设计、产品开发、生产制造、营销、交货、消费、售后服务、最后循环利用等各种增值活动，其包含的活动范围也扩展到回收利用（如图 7.3）。"

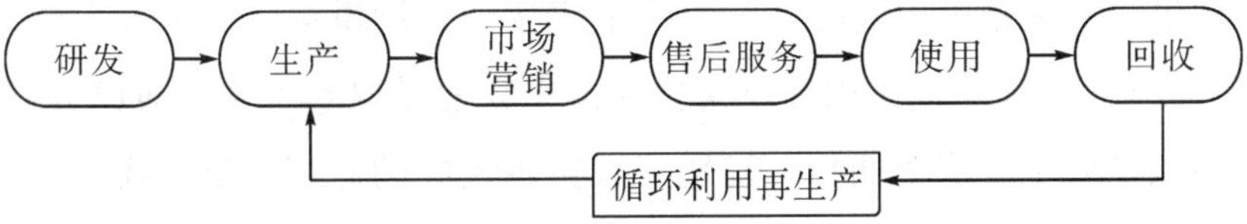

图 7.3　价值链

舒心："您能结合苹果手机的例子给我们解释一下吗？"

贝博士："苹果手机的供应链是全球性的，美国、日本、韩国、中国等国家，都深度参与苹果手机的供应链。根据苹果公司对外公布的 2017 年物料清单，苹果手机的供货商有 14 个国家和地区的 183 家企业，这 183 家供货商共有 748 家工厂为苹果公司供货，遍布美国、日本、韩国、奥地利、捷克、巴西、墨西哥、菲律宾、印度尼西亚、越南和中国等 26 个国家和地区。这些工厂的分布与它们所在地的资源禀赋有关，比如沙特有一家工厂供应手机外壳，主要是因为沙特石油资源丰富，可以提供外壳所需的聚碳酸酯。就核心零部件供货商数目来说，美国、日本和中国台湾地区最多，合计占比达 69.74%，美国供应商主要提供核心芯片、内存和集成电路等核心零部件，日本供应商提供摄像头模组等光学组件及显示面板，中国台湾地区供应商主要从事印刷电路板生产、代工中央处理器芯片以及最终组装，韩国供应商提供显示面板和部分芯片。而中国大陆共有 33 家供应商为苹果手机提供声学组件以及结构件等非核心零部件。

“每一个零部件都有不止一家供应商，苹果公司从这些相互竞争的供应商中间选择，通过供应商之间的竞争降低成本，同时也保证供应链的安全。供货商在全球范围内进行生产布局，748 家工厂中的 347 家设在中国大陆，比例高达 46.4%，其中核心部件工厂、非核心部件工厂以及包装和组装厂设在中国大陆的比例分别为 30.5%、54.1% 和 71.32%，不仅苹果手机的组装集中在中国大陆，一半以上的非核心零部件工厂和近三分之一的核心零部件工厂也设在中国大陆。在这 347 家工厂中，除了中国大陆供货商的工厂外，大部分是日本、韩国等非美国供货商在中国大陆的工厂，只有 57 家是美国供货商设立的。”

舒心：“我听说中国在苹果供应链中只能赚取 6.5 美元的加工费，原因就是处于价值链低端，就是‘微笑曲线’的底部。虽然我国有很多工厂，但是得到的好处并不多啊。”

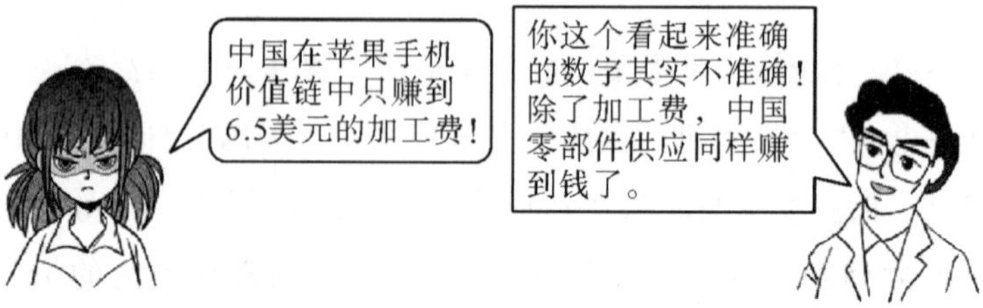

贝博士：“我知道这种说法非常流行，但是它的表述是不够准确的。准确地说，6.5 美元只是一部手机中的组装费。其实我国企业在供应链中不仅做组装，还提供一部分组件以及物流服务。苹果手机里面的摄像头模组、PCB 线路板、天线、FPC 柔性印刷线路板、扬声器、触控马达、玻璃盖板、玻璃后盖、金属结构件、精密连接器等都有中国供应商供货，这些供货商也是价值链的一部分，也能从中得到利润。此外，其他国家的供应商也在中国设立工厂，这些工厂会为中国提供就业机会和税收。还有更重要的一点，这些供应商在中国设立的工厂形成了比较完整的供应链，为中国手机厂商的崛起提供了条件。在华为、OPPO、VIVO、小米等品牌的崛起过程中，中国境内完整的苹果手机供应链功不可没。”

分工深化的原因

丁甲："为什么会出现这种分工的深化?"

贝博士："当然是因为有利可图啊。利益驱动是分工深化的最根本原因。分工能够提升效率，降低生产成本，提高收入水平，增加购买力，从而扩大市场规模，而市场规模的扩大又会进一步促进分工深化。"

小易："我查阅资料发现，产品内分工从20世纪70年代后才大量出现。既然分工可以促进生产效率提高，为什么以前不深入分工?"

贝博士："分工水平是跟经济、技术和社会制度环境相协调的，并不是越深入越好，强行提升分工深度有害无益。"

辛乙："为什么啊? 有什么害处呢?"

贝博士："因为分工必然伴随着交换，会产生交易费用，又称为交易成本。这一点是亚当·斯密没有分析的。后来经济学家科斯提出了交易成本的概念，所谓交易成本就是市场经济运行中运用价格机制的成本。交易成本主要由三部分组成，即寻求交易伙伴的成本、契约谈判的成本和监督与执行合约的成本。信息成本是交易成本的核心。如果分工产生的交易费用大于分工带来的好处，就是有害的。"

贝博士："20世纪50年代以来世界经济中发生了几个变化，为分工的深化创造了条件。这些变化是贸易壁垒的大幅度削减、资本跨国流动限制的放松、发展中国家市场化改革、国际航运的发展和信息技术革命(如图7.4)。这些因素从技术进步和制度变迁两方面降低了国际贸易与投资活动的成本，推进了产品内分工的深化，而且从20世纪七八十年代开始加速，到九十年代迅猛发展。

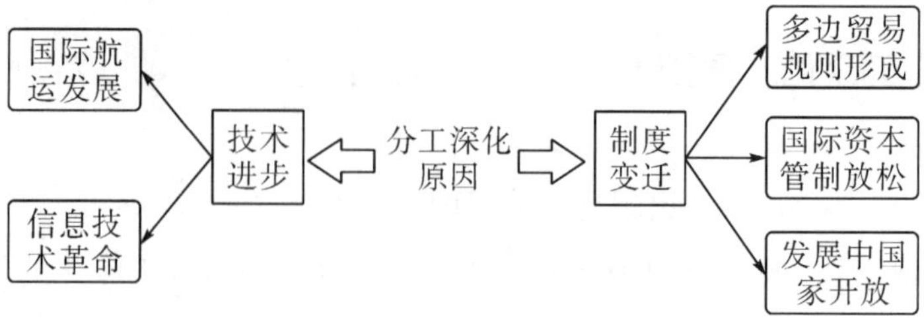

图 7.4　分工深化原因

“20 世纪 50—80 年代，商用航空大发展，集装箱运输兴起，20 世纪 80 年代之后随着信息技术革命，国际航运成本大幅下降，尤其是航空运输成本大幅下降，使对运输时间敏感并且单位重量价值较高的国际贸易货物能大规模利用航空运输手段运输。

“始于 20 世纪 60 年代、90 年代大爆发、至今方兴未艾的信息技术革命，使信息交流成本不断下降，极大地促进了交易成本的下降。互联网方便了信息沟通与获取，方便企业了解市场需求信息，有利于实现精确的存货控制，从而可以减少库存或消灭库存，大幅降低企业成本。信息技术促进了交易方式的创新，互联网可以让生产者直接面对消费者，代替传统的多级经销体系，使得交易过程中的协商成本和契约成本大幅降低。淘宝、京东等电子商务平台给交易双方提供的信誉保障机制降低了合约执行的不确定性。信息技术让企业能够在全球范围内实施有效的供应链管理，企业通过互联网能够比较容易地找到价格最低的原材料供应商，从而降低采购成本。

“1946 年开始运行的关税与贸易总协定及其继任机构世界贸易组织有力地推动了世界多边贸易自由化，与此同时，各类区域贸易自由化协定层出不穷，大幅降低了世界范围内的贸易壁垒。20 世纪 70 年代发达国家对资本跨国流动管制的放松，促进了国际投资，跨国直接投资猛增，跨国公司根据各国要素禀赋开展全球生产布局，产品内分工迅速增长。20 世纪 80 年代一批发展中国家开始市场化改革，使得国际贸易与投资的市场规模大幅增加，为分工的深化提供了条件。”

小易："我明白了。分工会产生交易成本，交易成本过高会使得分工无法进行。因此，降低交易成本的制度变迁和技术进步必然促进分工的深化。正是由于几十年来的市场的开放、贸易与投资壁垒的削减、技术的进步尤其是信息技术的进步，极大地降低了交易成本，让企业在全球范围内进行生产经营活动成为可能，推动了全球化的发展，产品内分工普遍出现。"

贝博士："总结得非常好！"

舒心："我觉得亚当·斯密提出的'分工受市场规模的限制'可以解释这一现象。由于市场规模的扩大放宽了分工受到的限制，所以出现了分工的深化。市场规模的扩大来源于两方面：一方面各国开放市场、降低贸易与投资壁垒，让更多国家进入国际市场；另一方面则来自技术进步。一是技术进步降低生产和交易成本，提高效率，加速资本积累，提高收入水平，扩大市场需求，扩大市场规模；二是技术进步降低流通成本，扩大交易范围，增加交易对象，扩展交易区域，把更广阔的市场连接起来；三是技术进步还促进交易方式创新，提升交易效率，规避交易风险，降低了分工的门槛。"

贝博士："'分工受市场规模的限制'这一论断被称为斯密定理。用斯密定理也可以很好地解释产品内分工现象。舒心能够学以致用，值得表扬。所以大家是不是感受到理论学习的好处了？理论给我们观察问题提供了一个视角，不同的理论相互补充，可以帮助我们以更开阔的视野条理清晰地分析问题。现在我们来总结一下产品内分工的条件，大家说有哪些？"

小易："交易成本足够低。"

舒心："市场规模足够大。"

贝博士："嗯，还可以再想想。"

丁甲："产品生产的各个工序环节在地理空间上可以分离，否则就没法在不同国家分工。"

辛乙："不同工序环节的要素密集度不同，否则就没必要分工。"

贝博士："非常棒！大家总结得很好。我们看苹果手机的生产经营过程是如何满足以上条件的。苹果公司在全球范围内进行生产经营的布局，把苹果手机的零部件生产和组装工序按其要素密集度分散到资源禀赋不同的各国，同一个零部件、同一道工序可能外包给几家供应商，通过供应商之间的竞争降低成本。然后再把整机配送到各国市场。这个过程中，必然涉及零部件和整机的运输物流，而且还可能多次跨越关境，涉及关税，苹果公司和供应商在全球各地开办工厂，又涉及市场准入和国内税收问题。全球和区域贸易与投资的自由化让各国的贸易投资壁垒降低，以及信息技术的广泛应用使得苹果公司可以实施全球供应链管理，极大地降低了成本。苹果手机本身作为信息技术革命的产物，具有升级换代频繁的特性，对运输物流的时效性要求较高，同时具有较高的单位价值，所以采用航空运输的方式，单位价值运费并不高。

"苹果手机的市场规模足够大，是其产品内分工的重要基础。2007年苹果手机销量是 139 万部，2008 年销量是 1 163 万部，2009 年是 2 073 万部，2010 年是 3 999 万部，2011 年是 7 229 万部，2012 年销量开始破亿达到了 1. 250 5 亿部，2013 年销量是 1. 502 6 亿部，2014 年销量是 1. 692 2 亿部，2015 年销量是 2. 312 2 亿部，2016 年销量是 2. 118 8 亿部，2017 年 2. 167 6 亿部，2018 年 2. 090 48 亿部，这 12 年来苹果手机一共卖出了约 15 亿部。当然支撑各供应商专业化生产的不仅是苹果公司，华为、三星等品牌手机同样在进行全球供应链管理，2018 年仅第四季度全球手机销量就达 4. 084 亿部，它们一起为智能手机的产品内分工提供了足够的市场规模。"

跨国外包、逆向外包与价值链升级

舒心："我听说过跨国外包，跟刚才我们讨论的产品内分工、按价值链分工、按供应链分工是一回事吗？”

贝博士：“它们反映了同一类现象，但观察的角度有所不同。外包是从企业角度看产品生产、流通过程中哪些部分可以在企业内部进行，哪些应该在企业外部进行。当某项活动的市场交易成本大于内部管理成本时，则该项活动应在企业内部进行，否则就应在企业外部进行。”

舒心：“还是用科斯的交易费用理论来解释？”

贝博士：“对的。外包能够降低交易成本的本源就在于外包这种企业活动的重复性、长期性和合作性。如果该活动涉及的资产专用性低，企业就应该选择市场，因为市场上有着充裕的供应商，企业可以从供应商的竞争中获益。”

舒心：“如果资产的专用性高，企业就把该活动放到内部进行是吗？”

贝博士：“还要看不确定性程度和交易频率。当不确定性较高且交易频繁时，企业就应该选择内部化，反之，当不确定性低或交易频率不高时，外包就成了更好的选择。

“从分工的角度看，外包是企业利用外部的资源为内部的生产和经营服务，运作更为灵活，将非核心业务委派给外部的更专业的公司，自己则更专注于核心业务，以降低成本，提高品质。对于一些小公司和刚起步的公司来说，外包利用外部资源弥补了其自身资源的不足，使得它们突破自身资源的局限，一些新的经营业务得以实现，甚至可以实现快速发展。所以，外包的本质是把自己做不了、做不好或别人做得更好的事交由别人去做。成功的企业把资源集中在经过精挑细选的少数核心专长上，集中在那些使他们真正区别于其竞争对手的技能使用与知识的创造上。当发包企业和供应商来自不同国家，就是跨国外包，又叫离岸外包。”

小易：“听说印度的外包产业很发达。离岸外包主要是发展中国家在做吗？”

贝博士：“在现实中，跨国外包主要是指跨国公司利用发展中国家的低成本优势将生产或服务外包到发展中国家，近几年离岸服务外包发展迅猛，承接跨国公司的服务外包成为发展中国家利用外资的新渠道。”

小易：“还是利用发展中国家低成本优势，那就意味着发展中国家还是处于价值链的低端？”

贝博士：“目前来说，是这样的。”

小易：“企业外包出去的应该都是资源密集型、劳动密集型的价值链低端环节吧？增值程度高的环节肯定要留在自己手里。”

贝博士：“发达国家企业外包出去的一般都是资源密集型或劳动密集型的低附加值的环节，利用发展中国家的自然资源优势和劳动力优势，降低运营成本。但是这并不意味着所有的外包都是这样的，如果企业自己的核心专长并不是技术，在外包的时候发包出去的可能是技术密集的环节，比如逆向外包。”

辛乙：“逆向外包，顾名思义，是发展中国家企业向发达国家企业发包吗？”

贝博士：“更准确地说是价值链低端向高端采购中间产品。”

辛乙：“那为什么还要去外包呢？跟承接发达国家的外包业务有什么区别吗？反正都是在价值链低端。”

贝博士：“当然是为了获得更多的利润。企业利润来源通常有三个：创新、企业自身独特资源、垄断地位。可是发展中国家的企业在国际竞争中这三个方面都是比较弱的。承接发达国家企业的外包固然可以得到一定的利润，但是由于处于价值链低端，所得利润十分有限，甚至被发包方俘获，在价值链中低端固化。”

小易：“我还是不明白，逆向外包中价值链低端企业向高端企业采购中间产品，就不会被低端固化吗？”

贝博士：“当然不是。逆向外包需要满足一定的条件才能进行，并不是所有处于低端的企业都能从逆向外包中获利并摆脱低端固化的困境。这个条件通常被称为区位优势，即企业所在地区所具有的某些资源，比如，人口红利、政策红利、良好的基础设施、特殊的市场等（见图7.5）。”

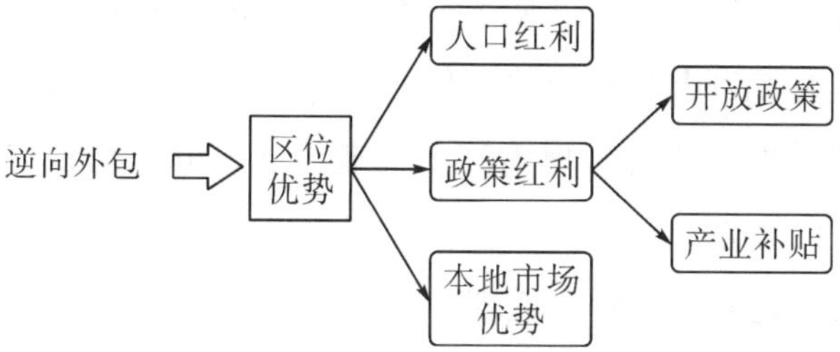

图7.5 逆向外包的条件

小易：“人口红利我知道，政策红利是什么？特殊的市场又是什么？”

贝博士：“政策红利是指政府实施开放政策、产业补贴等有利于企业发展的政策。特殊的市场是指本地市场具有特殊性，高端跨国企业的定位不一定适合本地市场，形成了本地企业的市场机会，本地企业利用这一点与高端跨国企业进行差异化竞争合作。正是由于这种区位优势，发展中国家处于价值链低端的企业可以向国外高端企业发包，向它们采购中间产品，发包方和接包方之间没有绝对的控制方，区位优势让发包方难以被高端企业俘获。通过价值链合作，高端企业可以利用本地企业的区位优势增强在同其他价值链竞争时的优势，可以创造更多利润；低端企业可以选择多个中间产品供应商，通过它们的竞争提升自己在价值链合作中的地位，得到更多利润，在价值链中获得更强的主导性。”

小易：“逆向外包的企业处于优势地位？”

贝博士：“相对于本国没有实施逆向外包的企业，逆向外包企业有优势，因为这种利用区位优势主动嵌入价值链的选择，让企业拥有更强的主导性。但是相对于同一个价值链中的中间产品厂商来说，逆向外包企业仍处于劣势，相对于更高价值链条上的企业来说，逆向外包企业也是处于劣势的。能不能摆脱劣势地位，走出低端固化的困境，还要看企业能不能实现价值链升级。”

小易："价值链升级就是产业升级吧？"

贝博士："不能把两者等同起来。价值链升级主要表现为掌握核心技术、打造自有品牌，即'微笑曲线'的两端——研发与营销。而产业升级主要表现为产业结构的变化。产业升级了，如果本国企业仍处于价值链的低端，就会出现虚高的产业结构，分工地位并没有改变。企业利用区位优势通过逆向外包主动嵌入价值链之后，如果不能实现价值链升级，就会被固化在低端，进入代工模式，成为传统外包中的代工厂。"

小易："那如何才能实现向微笑曲线两端升级呢？恐怕不容易吧？高端企业会甘心让出对价值链的主导权吗？"

贝博士："当然不会。如果在价值链中受到高端企业的制约难以升级，可以利用区位优势寻求链外合作，跟链外提供同样中间产品的厂商合作，削弱链内高端企业的优势。当然，最终还是要靠自身要素的提升，通过研发实现在价值链内的功能升级，并开展更高端的价值链的合作。价值链升级就是逐步主导更高端的价值链的过程。"

舒心："华为现在已经成长起来了，还拥有很多核心技术，在一些技术领域已经处于世界前沿，比如 5G 通信技术。华为是不是也经历了在价值链中的升级过程？"

贝博士："是的，应该说中国的移动通信产业经历了艰难的发展历程，现在有一些企业已经在该产业的全球价值链高端占据了一席之地。我们还是以手机为例。20 世纪 90 年代，中国引入诺基亚、摩托罗拉、爱立信等跨国企业，建立起手机产业。同时通过一些政策扶持，本土手机品牌快速发展起来，但核心零部件靠进口。由于规模庞大的中低端国内市场的支撑，本土手机品牌充分利用价格、渠道与服务的优势与跨国企业差异化发展，到 2003 年本土品牌占据 60%以上的国内市场份额，并且由于占据微笑曲线的销售这一高附加值的环节，利润率也相当可观，有 20%~30%的纯利润。"

舒心："这是利用区位优势进行逆向外包吧？"

贝博士："是的。但它们没能实现价值链升级。由于缺乏核心技术，关键零部件依赖飞利浦、爱普生等国际供应商，2004 年全球手机元器件缺货危机给本土企业造成致命打击。竞争对手诺基亚、摩托罗拉、三星优先得到零部件供应，在中国市场份额大幅扩张。很多本土品牌一蹶不振，退出市场。"

小易："我记得，小时候有不少山寨手机很流行，价格便宜，造型新颖。"

贝博士："是的，此后山寨手机趁势崛起，一度占据国内 1/4 的市场份额。然后山寨手机出现了分化，一部分走向品牌化，一部分衰落。部分本土品牌厂商抓住智能手机的技术革新机会，迎来新一轮扩张。本土品牌一度达到国内手机出货量的 79.9%。一些品牌逐渐走向全球化和高端化，海外市场不断扩大，开发高价位产品，向行业顶端的苹果和三星靠近。在这个过程中，本土厂商在中间产品投入上实施了灵活外包加自制的策略，主要是由于联发科等供应商的加入打破了中间产品供应上的垄断，本土厂商谈判地位增强，可以有更大的空间向价值链高端升级。针对本土低端市场，与联发科合作制作低端产品占领规模庞大的低端市场，跟国际大供应商合作提供高端产品，提升品牌形象。同时，通过研发逐步掌握核心技术，自制部分核心零部件，提高对价值链的主导能力。"

舒心："现在我国的手机产业已经达到价值链高端了吗？"

贝博士："虽然我国手机产业逐步有了自己的品牌，但与国际一流品牌相比还有差距。关键是在芯片和操作系统等核心零部件上还存在对国际供应商的依赖。"

小易："不是说华为开发了麒麟芯片国际领先吗？还有鸿蒙操作系统？"

贝博士："是的，这是中国企业取得的重要进步，麒麟芯片和鸿蒙系统已经开始投入使用，不过离国际顶端厂商还有差距，主要是产业生态圈的重新构建需要时间，也有很多不确定性。只有形成了良好的产业生态圈，有了足够的市场规模，才能真正地在价值链顶端占有一席之地。”

国际贸易与投资一体化

丁甲：“您刚才说到贸易和投资自由化是分工深化的重要条件。贸易自由化推动贸易和分工的发展，这个好理解。投资自由化是怎么促进分工深化的？”

辛乙：“这个我知道。投资自由化让跨国公司可以在全球范围内投资设厂，根据各国的资源禀赋把各生产环节在全球范围布局，生产各种中间产品，中间产品贸易就是产品内分工的体现。”

贝博士：“辛乙说到了投资自由化对分工深化的促进作用，其实在辛乙描述的这个过程中，既有投资的自由化也有贸易的自由化在起作用。现在国际贸易与投资有一体化的趋势。”

辛乙：“国际贸易和投资一体化，是指贸易推动投资或投资推动贸易？”

贝博士：“是的，主要表现为相互促进关系。当然，国际贸易与投资之间并不是单纯的相互促进的关系。国际贸易是商品的跨国流动，国际投资主要是生产要素的跨国流动。在国际经济活动的早期阶段，由于当时交通和通信技术比较落后，加上国际人员流动和资本流动的限制远远大于商品流动的限制，国际直接投资的成本远高于国际贸易。所以在早期贸易理论里面都假设生产要素在国际上不能流动。虽然各国要素禀赋、要素价格不同，但因为要素不能流动，只能通过商品流动，出口密集使用本国丰裕要素的产品，进口密集使用本国稀缺要素的产品，最终实现商品价格和要素价格的均等化。国际贸易相当于间接的生产要素跨国流动，国际贸易是国际投资的替代。

“反过来，如果由于某种原因国际贸易受到限制，而国际投资并没有受限，则会出现国际投资替代国际贸易。比如某国对进口产品设置贸易壁垒，可能会导致出口商到进口方投资设厂，直接在该国生产销售，如果贸易壁垒是针对某个国家的产品，那这个国家的企业可能会把工厂搬到不受贸易壁垒限制的国家，然后再出口。”

小易：“就像美国对中国部分产品加征关税，可能会导致这部分产品的生产转移到美国没有加征关税的某些东南亚国家，比如越南。”

贝博士：“对，不过美国加征关税的目的是让制造业回到美国，增加美国的就业机会，工厂搬到越南后，说不定美国对越南也加征关税呢。”

小易：“现在生产要素跨国流动更容易了，为什么国际贸易反而更多了？国际贸易和国际投资现在不是替代关系了吗？”

贝博士：“它们之间也可能是互补关系。随着交通和通信技术的发展，企业在全球范围内进行生产经营的控制协调能力增强，加上贸易和投资自由化的发展，降低了贸易和投资的成本，国际直接投资迅猛发展，企业进行全球供应链管理，贸易和投资相互促进，分工进一步深化，推动中间产品贸易快速发展。”

舒心：“前面我们学过的产品生命周期，好像也反映了国际贸易和国际投资的协同发展。随着产品生命周期的演变，产品的要素密集度变化，原来生产该产品的国家丧失比较优势，于是通过国际投资实现产业转移，把该产品的生产转移到现阶段具有比较优势的国家；再进入生命周期的下一个阶段，产品的要素密集度再次变化，通过国际投资再把该产品转移到下一个具有比较优势的国家。”

贝博士：“是的，不过产品生命周期理论反映的还不是产品内分工，现在的国际投资与国际贸易已经以产品内分工的中间产品为主。正是在贸易和投资的协同作用下，经济全球化才得以迅猛发展。”

中国对外贸易投资与全球价值链调整

丁甲："我们中国这些年对外投资增长很快啊，是为了配合外贸转型吗?"

贝博士："不仅仅是外贸转型，这是中国经济发展新阶段的必然要求。中国改革开放后极力融入全球分工体系，引入外资，承接外包，对外贸易迅猛增长，到2013年已成为世界第一货物贸易大国。2018年中国货物进出口总额为4.6万亿美元。但是，我国的对外贸易存在附加值低、贸易摩擦增多等问题。

"为实现经济增长方式的转变，推动产业升级、价值链攀升，近年来我国对外直接投资快速发展。2018年中国对外直接投资1 430.4亿美元，略低于日本的1 431.6亿美元，成为第二大对外投资国。2018年年末，中国对外直接投资存量达1.98万亿美元，是2002年年末存量的66.3倍，在全球分国家地区的对外直接投资存量排名第3位，仅次于美国和荷兰。截至2018年年底，中国超2.7万家境内投资者在全球188个国家（地区）设立对外直接投资企业4.3万家，全球80%以上国家（地区）都有中国的投资。2019年和2020年由于新冠肺炎疫情的冲击，我国对外直接投资有所放缓，2020年我国对外直接投资1 329.4亿美元，我国境内投资者共对全球172个国家和地区的6 790家境外企业进行了非金融类直接投资，累计投资1 101.5亿美元。这些数据的背后，是我国通过投资推动产业链重新布局，为产业结构调整和价值链攀升创造条件。"

舒心："目前我国在全球价值链中的真实状况是什么样的?"

贝博士："近几年有所改善，我国在一些关键技术领域取得突破，比如在5G通信领域具有优势，在全球价值链上逐步向中高端攀升。但是在不少关键领域，核心技术仍受制于人，有些企业过分关注市场布局，而忽视核心技术的积累。”

丁甲：“中国的市场规模很大，这应该是一个很大的优势吧?”

贝博士：“庞大国内市场优势和政策红利为本土企业提供了区位优势，但如果过于依赖这种优势而不注重技术创新，本土企业和产业终将无法摆脱价值链低端固化的困境。这在我国手机产业的发展历史上已经得到验证。

“在全球经济不景气的背景下，美国加征关税、限制海外投资的保护性贸易和投资政策对全球供应链造成冲击，全球供应链正面临碎片化的风险，这会对中国的产业调整和价值链升级造成不利影响。企业为了降低关税成本、规避政策风险，开始寻求供应链上的其他国家替代，甚至重新布局整条供应链。由于供应链低端部分相对容易改变，这一冲击会加速劳动密集环节及其配套产业外流。在一些价值链高端环节具有优势的中国企业，美国也进行打压，比如华为就遭到美国断供、制裁，并在国际上拉盟友一起对华为进行堵截。”

小易：“我国对外直接投资是不是有助于打破美国的遏制?”

贝博士：“要突破美国的打压，就需要减轻对美国的依赖。2020年中国对外非金融类直接投资 1 101.5 亿美元，同比下降 0.4%，但对‘一带一路’沿线国家投资大增 18.3%，占同期总额比重达 16.2%。2020 年中国在‘一带一路’沿线国家新签承包工程合同额 1 414.6 亿美元，完成营业额 911.2 亿美元，分别占同期总额的 55.4%和 58.4%。‘一带一路’沿线已成为中国企业对外投资的热点，为中国企业提供了更广阔的市场，开拓了重塑全球供应链的空间。但更根本的解决之道，还是在于对核心技术的掌握，不一定所有核心的零部件都要自己生产，但一定要掌握相关的知识，这样才能掌握价值链主导权，真正摆脱低端固化的窘境。”

辛乙：“美国的政策真是很奇怪，明明贸易是双赢的，它为什么要搞这么多动作?”

贝博士：“这个我们在接下来的学习中再一起讨论。”

8

苦乐不均 几家欢乐几家愁

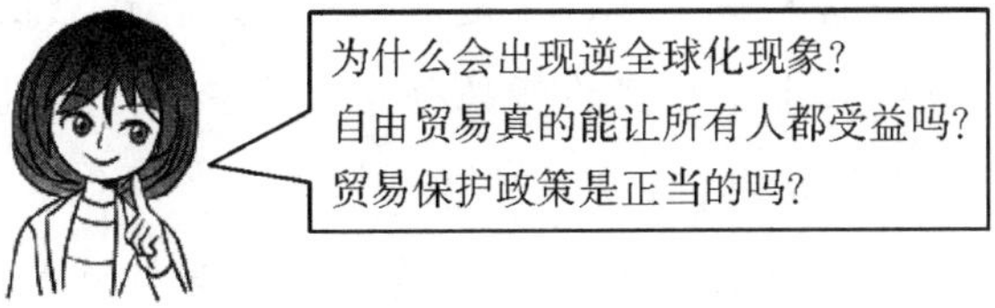

逆全球化：经济学家在骗人，还是群众太愚蠢?

模拟专题采访：经济全球化利弊谈

记者：卯卯

采访对象：美国经济学家、美国民众

大家好，我是卯卯。特朗普政府上台后，美国发动了一系列贸易保护措施，对几乎所有的贸易伙伴加征关税。对这样一种逆全球化的行为，人们都是怎么看的呢？今天我们访问了美国的一些经济学家和普通民众，听听他们的观点。

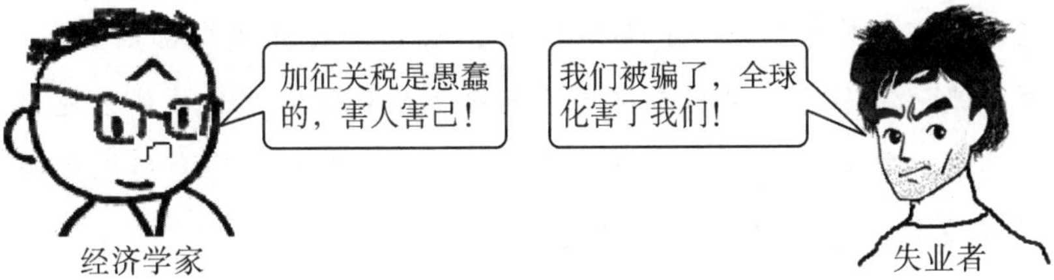

关于全球化的争论

美国经济学家 A：经济全球化让资源在全球范围内优化配置，可以提高效率，促进整个世界福利的增长。这一点是确定无疑的。特朗普政府的加征关税行为会造成全球化的倒退，无论是对美国还是对其他国家，都不是好事。

美国民众 X：经济学家宣扬的自由贸易是骗人的，让我们这些底层民众深受其害。说什么自由贸易能给大家带来好处，可是好处在哪?

我工作的工厂倒闭了，我需要重新找工作，可是国内同类工作已经很少了，太难了。什么？你说收入水平更高的新兴行业有更多的工作机会？可是人家要我吗？那些新的技能学起来太难了。

美国经济学家B：美国想通过征收关税改变美国对外贸易逆差，很难达到目的，因为美国的贸易逆差是很多因素造成的，尤其是美国储蓄率过低，长期超前消费，这种状况不改变的话，征收多少关税都解决不了问题。本来是国内问题，用反全球化的方法怎么能解决呢？

美国民众Y：我工作的工厂关闭了，搬到中国去了。我们的工作机会都被中国抢走了，既然我们吃亏了，当然要改变。他们抢走了我们的饭碗，就要付出代价。去他的全球化！这种害人的全球化，就让他消失吧！

美国经济学家C：我觉得特朗普加征关税是解决他的财政危机的一种手段。美国国内很多财政支出是难以削减的，比如社会保障，如果削减这方面的开支，必然会遭到民众的反对。同样，加税也是政治上无法承受的，而且为了兑现他的竞选承诺，他还给企业减税。那么钱从哪里来？他一方面压缩海外开支，要求盟友在安全上承担更多的责任，分担海外军事开支；另一方面，通过加征关税增加财政收入。这样一来，美国民众更容易接受，感觉是从外国人那里收钱，还很支持特朗普。其实这种想法是愚蠢的，因为这种关税最终会转嫁到美国消费者头上，相当于提高了消费税。

美国民众Z：有人说特朗普特不靠谱，我觉得这是污蔑。他是一位伟大的总统，是为普通民众着想的，他正在想办法把工作机会拉回美国，他正在用关税惩罚那些不公平竞争的国家。下一次选举，我还会把票投给他。

智慧教室内，大家摘下智能眼镜。

贝博士："刚才卯卯为大家模拟一场简短的新闻采访，大家看了有什么感受？"

小易："我感觉有些难以理解。美国从特朗普政府上台后为什么转向反全球化的立场？不是说自由贸易是双赢的吗？作为占据全球价值链高端的唯一超级大国，美国也不需要担心什么比较优势陷阱、价值链低端锁定啊。美国为什么要这样做呢？真的让人难以理解。”

丁甲：“因为特朗普特不靠谱啊。这个人缺乏施政经验，只知道从商人角度处理问题，所以就重新回到重商主义时代了。什么美国优先，就是损人利己嘛。”

辛乙：“那整个政府团队和国会都不靠谱吗？特朗普政府中有些成员奉行比特朗普还要激进得多的贸易保护主义。”

波士顿倾茶事件：民主还是利益？

贝博士：“反全球化并不是从特朗普才开始的，但特朗普是靠鲜明的反全球化立场上台的，这说明现在美国有浓厚的反全球化的政治氛围。”

舒心：“我想知道反全球化是从什么时候开始的？”

贝博士：“最早的反全球化不知道是从什么时候开始的，但波士顿倾茶事件无疑是美国人第一次反对全球化的斗争。1773 年 12 月 16 日，反对者身披毯子、把脸涂黑，将自己打扮成印第安人的样子，在波士顿码头，将茶叶倒入大海，并公开宣称‘没有代表权就没有征税权’。这个煽动性的口号实际上更多的是革命宣传的需要，反映的并不是事实。”

小易：“为什么这么说？难道不是因为殖民地在英国议会得不到代表权所以才拒绝交税的吗？”

贝博士：“不是的。在美国独立战争前，美国每年的茶叶消费量在 297 万千克左右，相当于人均 1.1 千克。在波士顿倾茶事件发生六年前（1767 年），英国通过了针对北美殖民地的《汤森法案》，该法案规定英国对北美殖民地茶叶的课税为 10%的进口关税，而殖民者通过荷兰和法国的渠道很容易就将这项税给规避掉，真正向王室纳税的比例只占所有消费的5%左右。况且反对征税就不纳税呗，为什么要把东印度公司的茶叶给倒入海中？”

舒心：“而且是在这一税项开征六年之后，才冲冠一怒。肯定是有其他的原因，对吧？”

贝博士：“对，真正的原因是殖民地的茶叶商人担心东印度公司在北美倾销茶叶，损害他们的利益。《汤森法案》禁止东印度公司直接向殖民者出售货物。英国东印度公司只能以拍卖的方式把货物出售给中间商，再由中间商将货物运送给北美的批发商，批发商最后把货物批发到零售商手里。这样殖民地茶叶商人的利益是有保障的。但是1756—1763 年英法七年战争重创了英国东印度公司，英国东印度公司请求政府给予救助，于是英国议会 1773 年 5 月通过《茶叶法案》，该法案并未增设新的税项，而是首次允许英国东印度公司直接从亚洲进口茶叶到美洲。此举使茶叶价格大大降低，因此对殖民地的消费者而言绝对是一大福音，但对殖民地茶叶商人来说却是个不折不扣的噩耗。被法案从茶叶贸易中踢出局的中间商、当地的走私者和茶叶商人对这项新的法案恨之入骨。1773 年 9 月，当该法案通过的消息传到波士顿时，这两大群体采取了行动反对来自英国东印度公司的‘不公平国外竞争’。这才是后来波士顿倾茶事件的真正原因。”

舒心：“所以他们所谓的‘没有代表权就没有征税权’只是一个借口，是利用民众的无知和偏见，为自己的行为辩护。”

贝博士：“他们还编造出英国人要全面抢夺美国商业的威胁论，激起不知真相的民众的同仇敌忾之心。就像现在我们经常听到的那样，有些人或集团喜欢以国家利益为名，行保护主义之实，目的就是把自己包装成国家利益的捍卫者，煽动更多的民众参与到贸易保护行动中。”

波士顿倾茶的真相

国家之间的利益分配：谁得到的更多？

小易：“我还是不理解，全球化真的让美国受损了吗？”

贝博士：“全球化的表现就是商品、服务、生产要素在全球范围内更自由地流动。我们学过的自由贸易理论告诉我们贸易是双赢的，贸易双方的福利水平都会提升。同样，资本和劳动力的自由流动也会提高资源配置效率，提高整个世界的产出。根据主流经济理论，全球化是能提升福利水平的。但是也应该注意到，全球化具有明显的收入分配效应。”

小易：“什么意思？”

贝博士：“就是利益是对整体来说的，但是，不同人、不同群体、不同国家的利益变动是不一样的，有的获益多，有的获益少，有的甚至会受损。”

小易：“怎么知道两个国家分别从全球化中得到多少好处呢？”

贝博士：“全球化的利益在经济学上分为静态利益和动态利益。我们先以贸易为例。贸易的静态利益是指在要素禀赋和技术水平不变的情况下，各国从交换和分工中得到的好处，不考虑贸易与分工引发技术进步所带来的效率提升。”

辛乙：“我不明白静态利益是从哪来的，为什么要素没有增加，技术也没有进步，光是交换和分工就能带来利益？”

贝博士：“这一点其实在学习绝对优势理论和比较优势理论时提到过。贸易的静态利益来自资源优化配置带来的效率提升和效用增长。生产领域按照绝对优势或比较优势进行分工，把生产要素配置到更有优势的行业，必然带来效率的提升和产出的增长。消费领域通过相互交换带来效用的增加。大家知道什么是效用、什么是边际效用吗？”

丁甲：“我知道，效用是指通过消费货物或服务、享受闲暇而得到的满足程度。边际效用是新增一个单位消费带来的效用增量。我还知道边际效用递减规律，随着对一种物品的消费增加，每新增一个单位的消费所带来的新增效用越来越小。最常见的例子是喝水，给一个快要渴死的人一杯水，这杯水喝了可以救他的命，给他带来的效用非常高；再给他第二杯水喝，能继续缓解他身体的缺水状况，给他带来的效用也比较高，但是没有第一杯水带来的效用高；就这样随着他喝的水越多，每多喝一杯水带来的效用增量反而越来越小；到最后你再让他喝水，不仅会引起他的不适，而且还会损害他的健康了。”

辛乙：“贸易的静态利益与边际效用是什么关系呢？”

贝博士：“一种产品随着它消费数量的增加，带来的边际效用越来越小，到一定程度时，再增加消费带来的边际效用为零，我们把这种现象叫作消费的餍足点。这时就出现了剩余产品，边际效用为零的产品，就是剩余产品。”

舒心：“我们经常听到发展经济学里面讲的剩余劳动力，是不是也可以这么理解？”

贝博士：“对，我们过去常说中国劳动力的供给是无限供给，因为农村存在大量的剩余劳动力，把剩余劳动力从农村转移出去，也不会减少农业产出。这里的剩余劳动力是指相对农业生产对劳动力的需求来说多出来的劳动力，从经济学上看，就是边际产值为零的劳动力，就是说你把这些劳动力投入生产中，产出也不会增加；把他们转移出去，产出也不会减少。”

小易：“我记得政治经济学里面学过剩余产品的出现是交换的前提。有了剩余产品，接下来可以交换了吧。用自己的剩余产品换别人的剩余产品，我的剩余产品对你来说还没达到消费的餍足点，你的剩余产品我也没有达到餍足点，所以通过交换，双方的效用都增加了。”

贝博士：“完全正确。这就是所谓的互通有无、调剂余缺。所以即使没有分工和技术进步，国际贸易仅仅通过交换也可以提高双方的效用水平。”

小易：“就是说贸易是双赢的。可是，这种利益到底是怎么分配的呢？”

贝博士：“有一个指标可以衡量贸易双方的利益分配，就是贸易条件，它是指交换的比例，同样多的出口品换回来的进口品越多，贸易条件越好，从贸易中得到的好处越多。当然，贸易带来的静态利益总量是给定的，一方得到多，意味着另一方得到的少，双方存在竞争。”

辛乙：“哦，明白了。由于交换的比例不同，得到的效用增量是不同的，比如我用一个包子换你一个苹果，跟用一个包子换你两个苹果，那肯定是换两个得到的效用更多。这就是我的贸易条件改善了，而你的贸易条件恶化了。”

贝博士：“理解得很到位。”

舒心：“可是实际贸易中会跟多个国家交换很多种商品，同一种出口品跟不同国家交换的比例不一样，甚至交换回来的进口品就不一样。在这种多种产品、多个国家的情形下，怎么衡量贸易条件呢？”

贝博士：“这个时候用到的是贸易条件指数，用出口价格指数除以进口价格指数。”

舒心：“指数怎么算？”

贝博士："类似物价指数，只不过这里的商品选的是进口品或出口品。贸易条件指数越大，从贸易中得到的好处越多。"

辛乙："就像刚才我举的例子，有些国家贸易条件改善，必然对应有些国家贸易条件恶化。"

贝博士："是的。有学者做过统计，从总体上看，在第二次世界大战之后的比较长的时期内，发展中国家的贸易条件是恶化的，发达国家的贸易条件是改善的。"

辛乙："为什么会这样呢？"

贝博士："这跟它们的出口商品结构有关。由于发展中国家出口的主要是资源类产品和初级产品，进入门槛低，竞争激烈，利润微薄，技术进步带来的成本下降不是转化为利润，而是主要转变为价格下降。而发达国家的出口产品技术含量较高甚至具有垄断性，由此产生了较高的利润，价格较高。"

小易："但是电子产品好像价格下降很快啊。"

贝博士："这主要是因为电子行业技术进步非常快，而且现在的电子产品根本就不是一个国家生产的，按价值链分布到很多国家，通过高效的供应链和价值链管理降低成本，其中利润高的环节主要掌握在发达国家手中。为了获取更多利润，电子产品在不断地升级换代，每一次升级推出新款价格都会上涨，价格下降的主要是旧款产品，这就是技术垄断带来的超额利润。"

小易："那为什么美国还叫嚷着在国际贸易中吃亏了？特朗普凭什么要求重新谈判自由贸易协定，指责其他国家占了美国便宜？"

贝博士："正是由于国际贸易静态利益分割的竞争性，分割比例到底多少才合适，没有一个标准，让贸易伙伴容易爆发冲突。如果只盯着这一点静态利益，就会产生一种狭隘的观点，认为国际贸易是以邻为壑的，必须从贸易伙伴那里抢来更多的利益。特朗普之所以这样说，是在为美国的贸易保护政策找理由，希望贸易伙伴让出更大的利益。

“在国际政治中，还有一种极端的观点，叫相对获益论，即一国在国际交往中应关注所得利益的相对大小，只有本国得到的利益比对方大才算真正的获益了，为争夺利益不怕两败俱伤，只要本国的损失小于对方，也算是获益了。这就是把国家间的竞争绝对化。如果是抱有这种观点观察国际经济现象，国际贸易无论如何也不能让双方都满意。”

全球化的国内收入分配效应：谁人欢喜谁人忧？

丁甲：“哇，这么夸张！那还有动态利益啊，动态利益应该是技术进步带来的吧？国际贸易具体是怎样带来动态利益的呢？”

贝博士：“国际贸易会引起价格的变动，出口行业价格上升，进口行业价格下降。”

丁甲：“这个我知道，这是供求关系发生变化造成的。国内产品出口使得该产品的国内供给下降，供不应求，价格上升；进口国外产品使得该产品的国内供给增加，供过于求，价格下跌。”

贝博士：“这样一来出口行业的收入上升，进口行业的收入下降，为了更高的收入，所有要素都往出口行业流动，出口行业扩张，进口行业萎缩。根据资源禀赋原理，出口行业是一国具有比较优势的行业，进口行业是处于比较劣势的行业，所以这种要素流动促进了资源的优化配置，提高了生产效率。更重要的是，这种分工还会促进技术进步，进一步提高效率，增加产出；产出增加可以积累发展资金，增加研发投入，实现要素升级；贸易还会促进各国相关制度的协调，提高交易效率。这就是动态利益的来源。动态利益往往比静态利益更大。”

舒心：“动态利益不存在分割的问题了吧？”

贝博士：“动态利益在各国也是不同的，取决于各国技术进步、要素升级、制度变迁的具体情况。不过动态利益不像静态利益那样直观，也不像做生意那样可以讨价还价。”

小易：“那经济学家骗人了吗？自由贸易理论论证的美好前景为什么有那么多的人反对呢？”

贝博士：“自由贸易理论论证的逻辑清晰，经济学家并没有骗人，自由贸易可以带来净福利的增长，不过由此带来的收入分配效应，过去被忽视了。其实从资源禀赋原理就已经开始研究贸易对不同要素收入的影响，前面我们在学习资源禀赋原理的时候对这一点没有展开讲。各国在推动贸易自由化的时候往往强调贸易带来的好处，但是对贸易的收入分配效应没有进行有效应对。”

舒心：“什么样的收入分配效应？”

贝博士：“比如刚才我们说的出口部门获利，进口部门受损，有些企业在进口商品的冲击下破产倒闭，工人失业。按照自由贸易理论，企业倒闭后，相应的资本、劳动等生产要素可以转移到更有优势的出口行业，从而获得更高的收入。但是，自由贸易理论假定这种转移是没有成本的，可以立即无障碍地实现。但是现实中这种转移存在障碍，比如工人需要重新寻找工作，找工作时可能发现自己原来的技能不能适应新岗位的要求，需要去培训。这个过程中，失业带来的压力、培训需要支付的费用、寻找新工作花费的精力和金钱，都是沉重的负担，有些人会因为无法负担这些费用而陷入长期失业。对于资本来说，不同行业的资本并不都是通用的，从一个行业转移到另一个行业，往往需要报废很多机器设备，需要大量新的投资，这也阻碍了资本的流动，有些企业因此而破产倒闭（见图 8.1）。”

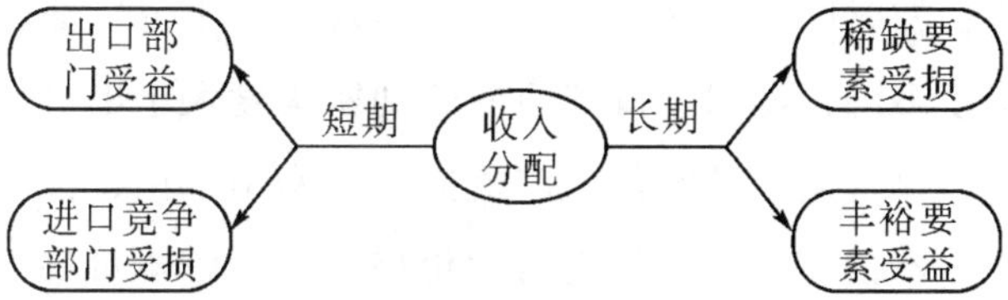

图 8.1 贸易对国内生产者的收入分配效应

小易："进口部门受损，所以进口部门的企业、工人会反对自由贸易。可是为什么美国的大部分工人都对自由贸易持反对意见？那些出口行业的工人不应该支持自由贸易吗？"

贝博士："因为刚才我们说到是短期，出口部门因为产品价格上升使得其中的全部要素都受益，但是从长期来看，美国的工人，不管是进口部门的还是出口部门的，在自由贸易中都受损了。国际贸易是通过商品的跨国流动间接地实现要素的跨国流动。这一点前面我们已经了解。一国出口的是本国丰裕要素密集的产品，进口的是本国稀缺要素密集的产品，国际贸易间接地使丰裕要素流出、稀缺要素流入，从而丰裕要素价格上升，稀缺要素价格下跌。美国的劳动要素是相对稀缺的，所以国际贸易会让美国的工人受损，不管他是哪个部门的，即使假设转移的成本为零，仍然如此。"

舒心："出口部门的工人为什么会短期受益、长期反而受损呢？这中间发生了什么？"

贝博士："首先要注意的是，并不是所有国家工人收入变动都是这样的，因为美国劳动相对稀缺，所以才出现工人利益长期受损。换句话说，国际贸易让一国丰裕要素在长期受益，稀缺要素在长期受损。为什么美国出口部门工人短期受益、长期反而受损呢？从短期到长期，发生这个变化的原因是生产要素的流动，当出口部门价格上升使得该部门收入上升，进口部门价格下降使得该部门收入下降，为了获得更高的收入，要素会从进口部门向出口部门流动。短期内由于受到人力资本、资产专用性等因素的限制，资本、劳动难以在部门间流动，但是给出足够长的时间，这种流动最终会实现。由于进口部门和出口部门要素密集度不同，美国进口部门的劳动密集度大于出口部门的劳动密集度，所以要素从劳动密集部门流向资本密集部门，会导致劳动供过于求，而资本供不应求，从而劳动价格下降，资本价格上升。因此长期来看，自由贸易最终会让所有美国工人都受损。”

小易：“现在生产要素也可以跨国流动啊。这种要素流动跟国际贸易的影响是类似的吧？”

贝博士：“国际贸易和国际投资都会使商品和生产要素的价格趋同。生产要素跨国流动造成的影响更为直接。随着运输和通信技术的发展，国际贸易和要素跨国流动的成本大幅降低，这种价格趋同更为明显。美国工人明显感到就业机会减少，跟资本家的收入差距拉大。”

辛乙：“美国人认为中国偷走了他们的工作机会？”

贝博士：“因为美国制造业向外转移，造成了美国国内制造业岗位减少，同时中国的制造业通过引入外资快速发展，所以很多美国工人认为是中国人抢走了他们的饭碗。”

舒心：“根据比较优势原理，美国在技术密集和资本密集的行业上具有比较优势，贸易后美国的技术密集和资本密集行业会扩张，应该可以提供更多的就业机会吧？”

贝博士：“高科技制造业和服务业是美国具有比较优势的行业，这些部门也确实在扩张，但是就业机会并没有同步增长。主要的原因是技术对劳动的替代。随着新技术的应用，尤其是人工智能技术的应用，很多工作岗位都被机器取代了。所以在一些发达国家出现了无就业增长的现象，经济在增长，但就业没有相应增加。即使有一部分高技术工作岗位增加了，但原来的工人干不了，没有相应的技能。”

小易：“所以他们把矛头指向中国，还提出再工业化，企图让制造业回归。”

贝博士：“其实即使中国不承接这些劳动密集型的产业，这些产业也会转移到其他发展中国家。美国的再工业化不可能是劳动密集型的再工业化，即使工业回归，在美国也只能是更智能化的制造业，能提供的就业机会十分有限，这是美国的要素禀赋决定的，美国的劳动相对其他国家来说太贵了。”

小易：“因此，不管怎样，全球化都会让美国的工人受损。”

舒心：“我们是不是遗漏了什么？刚才我们讨论的不管进口部门或出口部门的工人还是资本家，都是生产者吧？那消费者在全球化的过程中受到什么样的影响呢？”

贝博士：“消费者也是一个重要的群体，并且往往数量庞大。请大家自己分析一下自由贸易对消费者的影响。”

小易：“出口让出口部门价格上升，消费者要以更高的价格购买产品，所以消费者受损。”

丁甲：“消费量也减少了，需求定律不是说需求量与价格反向变动嘛。以更高的价格购买更少的产品，消费者受损。”

辛乙：“进口让进口部门价格下跌，消费者以更低的价格购买更多的产品，消费者受益（参见图 8.2）。”

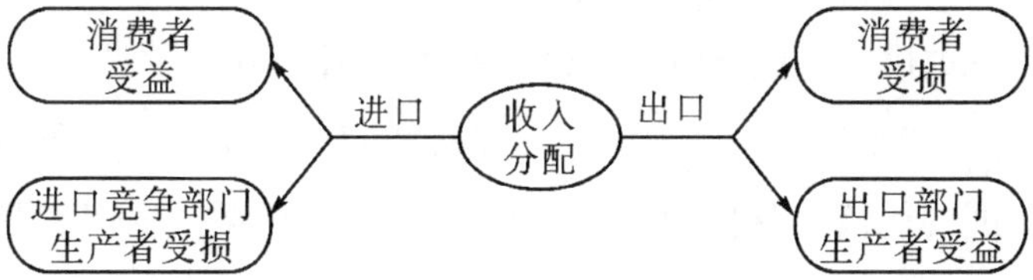

图 8.2　贸易对国内生产者与消费者的收入分配效应

小易：“消费者既消费进口部门产品也消费出口部门产品，所以总体影响不好确定啊。”

舒心：“大部分情况下，同一个经济主体可能既是生产者又是消费者，一身兼两个角色。个人消费的物品很多，为了消费又必须生产。”

丁甲：“也可以不生产啊，比如说继承了一笔遗产，不用工作，只消费。还有婴儿和老人，也不生产啊。”

舒心：“遗产从哪里来呢？追溯上去还是生产创造的。至于婴儿和老人，只是生命中的短暂阶段，从整个生命周期来说，人还是要靠生产来维持消费。当你是劳动力时，你生产供婴儿和老人消费；当你是婴儿或老人时，你要靠劳动力生产供你消费。人不是孤立的，家庭、社会是一个整体。从整体上看，人既是生产者又是消费者。”

小易：“企业也一样，一方面它生产产品，另一方面它又消费产品，它的消费属于生产性消费，是对原材料和中间投入品的消费。”

舒心：“这样一来，问题更复杂了。你看，经济主体兼具生产者和消费者两个角色，同一种产品贸易中，生产者和消费者的福利变动是相反的。该如何确定贸易的净福利影响到底如何呢？”

贝博士：“贸易从总体上看可以提高福利水平，这一点在前面的比较优势理论中已经有了清晰的说明。如果要从生产者和消费者的角度分析贸易的福利影响，最好是分别看出口和进口的影响。我们先看出口，出口让该产品国内价格上升，消费者受损，生产者获益。净的福利变动取决于两者福利变动的相对大小。由于是出口，在任何一个出口价格下，国内的供给数量都大于需求数量，就是说在任何一个出口价格下，生产者获益都大于消费者损失，所以出口必然带来净福利的增长。再看进口，谁能分析一下进口的净福利影响？”

丁甲：“我来试一下。逻辑应该是和出口一样的，不过价格变动方向相反。进口让该产品国内价格下跌，消费者获益，生产者受损。由于是进口，在任何一个进口价格下，国内的供给数量都小于国内需求数量，就是说在任何一个进口价格下，消费者获益都大于生产者损失，所以进口带来净福利的增长。”

贝博士：“所以我们再次论证了贸易可以带来福利的增长，不管是进口还是出口。但是贸易会产生收入分配效应，这种收入分配效应既出现在贸易伙伴之间，也出现在国内不同群体之间。”

贸易保护：幼稚还是成熟？

小易："前面我们讨论的全球价值链分工的低端锁定问题，是不是也体现了全球化的收入分配效应？"

贝博士："全球价值链低端锁定、比较优势陷阱，实际上都反映了全球化的收入分配效应，全球化让国家之间收入差距拉大，发展中国家的收入水平离发达国家越来越远。"

小易："这是国家之间的收入分配效应。"

贝博士："对。针对收入分配效应，有些人提出了保护贸易理论，强调国家之间的竞争，比如保护幼稚产业理论、新重商主义和战略性贸易政策。"

丁甲："我知道保护幼稚产业理论。保护幼稚产业理论最早产生于美国和德国，当时美国和德国属于经济落后国家，工业体系尚未建立起来，国内企业面对英法企业的竞争难以在市场上存活。美国第一任财政部部长亚历山大·汉密尔顿在提交给国会的报告中提出，美国工业在英法的工业面前就像是壮汉面前的新生婴儿，让婴儿跟壮汉同台竞争，必输无疑，因此应该对国内工业进行保护，让它在国际竞争中能够生存发展。"

贝博士："没错，不过汉密尔顿还只是根据美国的情况提出了保护幼稚产业的政策建议，着重于政策应用。德国经济学家弗里德里希·李斯特则更系统地提出了保护幼稚产业理论。他根据人类历史提出生产力理论和人类发展历史阶段论，在此基础上构建了保护幼稚产业理论。李斯特批评了当时流行的自由贸易理论只考虑了交换利益，没有考虑一国生产财富的能力，而生产财富的能力比财富本身要重要得多。流行理论只考虑了私人利益，没有考虑国家利益，没有考虑到国家的精神利益和政治利益。相比于通过交换获得利益，发展一国的生产力更为重要，工业对于一国的生产能力、国家在国际政治中的地位、国家与民族的精神都具有特别重要的价值。而对于落后国家来说，在工业发展初期政府必须扶持本国工业的发展，让本国幼稚产业能够在与先进国家产业的竞争中存活、发展。国际贸易政策应该是动态调整的。人类社会发展经历五个历史阶段：原始未开化时期、畜牧业时期、农业时期、农工业时期、农工商业时期。只有在农工业时期才有必要采取保护措施，在此之前没有本国工业可以保护，在此之后本国工业已经发展壮大，不需要保护。”

舒心：“新重商主义跟重商主义有什么不同？”

贝博士：“新重商主义是发达国家经常采用的奖出限入的贸易政策的依据，与重商主义在奖出限入这一点上是相同的，不过手段更多样化，更多地使用隐蔽的非关税壁垒，理论基础也不一样，以梅纳德·凯恩斯的有效需求理论为基础。凯恩斯提出有效需求是由消费、投资和净出口三部分构成的，现在称之为‘三驾马车’。其中，净出口就是出口减去进口。出口可以增加一国的有效需求，进口则是本国有效需求的漏损，净出口的增长能增加有效需求，并且通过乘数效应成倍地提高收入水平。所以在有效需求不足的情况下，一国应该采取措施，扩大出口，限制进口，以促进收入增长和就业增加。”

舒心：“发达国家保护什么产业？”

贝博士：“这就不一定是幼稚产业了，往往是夕阳产业，以保护就业为名，迟迟不肯退场。在经济不景气时期，这类贸易保护就会抬头。像美国对钢铁产业的保护就是这一类。”

辛乙：“战略性贸易政策呢？”

贝博士：“战略性贸易政策是指扶持对国家经济发展具有战略意义的产业，帮助本国企业抢占市场，打垮对手，夺取垄断利润。典型的例子是欧洲对空客公司进行补贴，与波音公司进行竞争，抢夺大客机市场的巨额利润。如果说保护幼稚产业是防御性的贸易政策，那么战略性贸易政策更具有进攻性，保护的是垄断企业。”

小易："新重商主义和战略性贸易政策只是保护少数企业的利益，对国家长远发展未必有利。但是我觉得保护幼稚产业理论有道理啊。市场机制会让发展中国家和发达国家差距越来越大，那发展中国家就要想办法自救，保护幼稚产业，追赶发达国家。"

贝博士："可是保护幼稚产业本身也是收入的再分配，必然会引发新的不满。贸易伙伴觉得利益受损，可能会采取报复措施，国内没有得到保护的企业不满政府偏心，纳税人不满把钱拿去补贴企业，消费者不满保护引起价格上涨。即使保护幼稚产业从长远看真的对国家整体有利，谁会去关心那么遥远的事情呢？谁知道这个利益最后被谁得去呢？所以保护幼稚产业在实践中也有很多困难。"

贝博士："哎呀，又到下课时间了。剧透一下，下一次我们学习公平贸易。"

小易："哈哈，贝博士，你哪一次没剧透啊？每一次都让我们预习。"

贝博士："哈哈，是的，我要把剧透坚持下去。"

9

公平贸易 各执一词起纷争

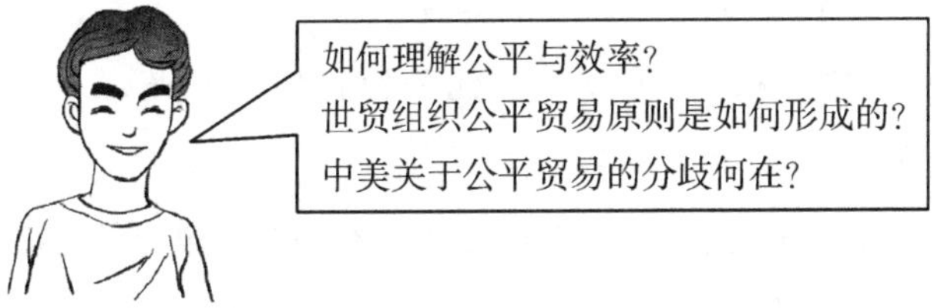

辩论性发言：谁在进行不公平贸易?

卯卯：中美之间的经贸摩擦从特朗普政府上台后演变为激烈的贸易战。美方为何要发动贸易战？中方有什么回应和主张？下面我们看看由AI模拟的中中和美美如何阐述（“中中”和“美美”分别为AI模拟的中国和美国形象，他们的发言参考了中国、美国的官方发言）。

美美：美国之所以对中国产品加征关税，是因为中国的不公平贸易行为。长期以来，美国充分地对外开放，而其他国家却没有向美国对等开放，它们从中获取了巨大的不公平的利益，给美国造成巨大损失，其中以中国最为典型。中国高筑贸易壁垒，服务业尤其是金融服务业有很高的准入限制，强迫外资企业接受合资以换取市场准入，强迫外资企业转让技术。国有企业控制经济，迫使私人竞争者出局，通过国有企业对产业大规模补贴，以不公平的优势低价倾销产品，对美国企业形成不公平竞争。

中中：你说的对等开放是指什么？中国入世之后一直在扩大开放，市场准入不断放宽，根据世界贸易组织数据，2015年中国贸易加权平均关税税率已降至4.4%，明显低于韩国、印度、印度尼西亚等新兴经济体和发展中国家，已接近美国2.4%和欧盟3%的水平，总体平均关税水平已经降至8%，远远超过入世承诺的降税幅度。

美美：中国的总体关税水平仍然高于美国，在服务业上的开放程度远不及美国。这能叫对等吗？目前美国政府向由中国出口至美国的汽车征收每辆车2.5%的关税，相反中国却对从美国进口汽车征收每车25%的关税。这是对等的吗？

中中：我明白了，你说的对等，是在每个具体产品的关税水平和每个具体行业的市场准入上都与美国完全一致。这种主张显然是荒谬的。这种对等概念否定各国发展阶段、资源禀赋和优势产业的客观差异，无视发展中国家发展权，违背了世贸组织的对等原则。世贸组织所提倡的对等原则，是各国就所有产业开放市场实现总体利益平衡，并非每个产业或产品开放水平的对等。由于资源禀赋、产业竞争力的差异，很难实现两个经济体绝对对等开放，不同产业关税水平应该有所差异，这才是务实的做法。同时，在世贸组织框架下，发展中成员享有差别和优惠待遇。对于发展中成员而言，由于其处于发展初期阶段，需要对产业适度保护以促进良性发展，发展中成员的经济发展也将为发达国家带来更多商业机会。发展中成员享有差别和更优惠待遇，符合包括发达成员在内的各国各地区长期利益，这才是真正意义上的公平。因此，中国作为发展中国家总体关税水平高于美国是正常现象，在中国比较劣势的服务业领域逐步开放，既符合发展中成员差别待遇原则，也符合世贸组织对等原则的本意。即使按照你说的对等方式，美国为什么在农产品和航空领域进行巨额补贴？为什么就不跟别国对等了呢？不能对人对己双重标准。

美美：强制技术转让、盗窃知识产权、补贴与低价倾销是不容否认的事实。

中中：这些指责也是充斥着捏造与夸大的描述，哪里是什么不容否认的事实。外资企业来中国投资，看中的是中国的市场和良好的政策环境，技术转让也是互惠互利的商业行为，外资企业把自己相对落后的技术转让给中国企业，可以回收更多的利润，为开发新技术提供资金，这是正常的技术交易，哪里存在什么强制转让。盗窃知识产权行为在很多国家都有，包括美国，我们不能把个别的个体的行为夸大为整个国家的行为。如果美国有一个人盗窃了知识产权，难道我们就能说美国盗窃知识产权吗？美国无视中国在知识产权保护方面所做的努力，无视中国知识产权保护大幅改善的事实，捏造数据、歪曲事实，对中国横加指责，这是不可接受的。至于补贴和倾销，我想大家心知肚明，很重要的原因是美国对中国的产品确定可比价格时可以选择替代国价格，而不是使用中国国内的价格，这种选择的任意性，让倾销和补贴的确认和计算严重偏离事实，出现大量虚假的补贴与倾销案例。如果我捏造一批冤假错案放到你头上，然后说你是一个违法乱纪的坏人，否则怎么犯了这么多案子？你觉得这公平吗？

美美：那是因为中国从未真正遵守世贸组织发达国家规则。入世时承诺的市场化改革不予兑现，继续保留甚至发展国有企业，承诺加入政府采购协议，至今还没有兑现。漠视环境保护和劳工权利保护，以不公平的环境成本、用工成本和税收优惠吸引外资，导致美国制造业外流，抢走了美国制造业工人的饭碗。美国在 2001 年支持中国加入世贸组织是一个巨大的历史错误。

中中：不，我认为美国当初支持中国加入世贸组织是一个最正确的选择。中国入世之后的表现有目共睹，中国低成本劳动力、土地等资源与国际资本、技术相结合，迅速形成巨大生产能力，推动了全球产业链、价值链发展，促进了整个世界经济增长，在华投资的跨国公司更是直接分享了中国经济发展的成果，其中就有大量的美国企业。中国是发展中国家，入世时按照发展中国家承担相应的责任与义务、享受相应的权利与优惠待遇，本来是理所当然的事情，但中国入世时承担的义务实际上远超发展中国家的一般水平。现在中国仍然是发展中国家，虽然经济总量很大，但人均收入水平还很低，中国理应按照发展中国家的水平承担义务。但是美国一贯罔顾事实，在中国入世时，人均收入只有450美元，是典型的低收入发展中国家，然而美国贸易代表坚持认为中国是一个发达国家，却让美国享受发展中国家待遇，要求中国给予美国纺织品进口贸易壁垒削减10年的调整期再加4年延长期；现在中国虽然进入中等收入行列，但仍然是发展中国家，美国仍然在要求中国承担发达国家的义务，甚至按照美国自以为是的对等原则承担超越世贸组织规则的义务。这难道就是美国标榜的公平贸易吗？

美美：中国拥有庞大的并继续扩张的国有企业，这一点你无法否认吧？这样的经济怎么会是市场经济？对于一个非市场经济体，在确定倾销和补贴时使用第三国的价格作为可比价格不是理所当然的吗？漠视人权和环境，以此补贴出口，形成不公平的优势，向美国倾销产品，而美国企业遵守规则，保护环境和劳工权利，无法应对中国企业的竞争。遵守规则的破产了，漠视规则的却胜利了，这难道公平吗？

中中：美国一直用自己的模式要求其他国家，不符合美国模式的就视为异端，横加指责与打压，这是赤裸裸的霸权主义行径。中国实行的是具有中国特色的社会主义市场经济体制，市场在资源配置中发挥决定性作用，国有经济只在公益性、基础性、具有较大外部性的领域发挥作用，竞争性领域留给民营经济、外资企业等其他经济主体。中国经济发展的实践证明，中国特色的社会主义市场经济体制符合中国实际，有力地保障了中国经济健康发展，为国际社会提供了一个可以借鉴的样本。而美国极力推销的发展模式却在很多国家造成经济停滞、社会动荡。

中国的资源禀赋决定了中国的工资水平比发达国家低，但是随着经济发展，中国的工资水平在不断上升，劳工权利是有保障的。不能因为中国工资水平低就指责中国利用低工资搞倾销。发达国家在发展过程中对全球环境造成了巨大的破坏，现在发展起来了，认识到环境保护的重要性，这本来是好事，但如果要求发展中国家同发达国家承担一样的义务，甚至牺牲经济发展的权利，这公平吗？发达国家难道不应该为自己当年破坏环境的行为负责吗？中国在全球环境保护方面做了很大贡献，而美国呢？一度退出了巴黎协议。你有什么资格指责中国不重视环境保护？

按照中国入世议定书的约定，中国入世 15 年后在确定倾销和补贴的可比价格时，应取消所谓的非市场经济条款，可是美国却不愿承担履约的义务，拒不承认中国的市场经济地位。你还在这里标榜遵守规则，你遵守的是什么规则？美国优先的规则？

美美：不让美国优先难道还让你中国优先吗？你无法否认的事实，美国对外贸易逆差 46%来自中国，美国的对外贸易逆差主要是由中国倾销、补贴、操纵货币和掠夺性的产业政策造成的。中国是美国最大的贸易逆差来源国，通过不公平的贸易，中国从美国得到巨大的好处，而美国遵守保护知识产权、公平公正市场准入的世贸组织原则，却面临工厂、工业和工作机会被剥夺的窘境。我们再也不能忍受这一状况，如果世贸组织不能约束中国，那我们自己来采取行动。

中中：美国巨额对外贸易逆差是事实，大量的逆差来自中国也是事实。但你找对了问题却找错了原因。造成美国巨额对外贸易逆差的主要原因还是在美国自身，是美国高消费、低储蓄的生活方式和经济发展模式造成的。自己的产出满足不了自己的消费怎么办？美国采取了通过贸易逆差的方式从其他国家借入资源消费，从而形成了贸易逆差。美国高消费、低储蓄的状态不改变，贸易逆差就不会消失。为什么美国能长期保持逆差而经济不崩盘呢？原因在于美元的霸权地位，美元作为主要国际储备货币、国际结算和支付手段，在国际市场上有大量的需求，而其他国家要取得美元，必须用自己的产品和服务去换。所以逆差对于美国来说并不是什么坏事，通过逆差，美国用一堆钞票换回来产品和服务，如果让美国真的消除逆差，美国人真的乐意吗？

至于为什么美国的主要逆差来自中国，这是全球分工的结果。在跨国企业的推动下，各国按照资源禀赋形成全球供应链和价值链，中国由于劳动力资源丰富，在劳动密集型的环节具有比较优势，所以很多企业把劳动密集型的加工组装环节放到中国，最后由中国将成品出口到全球各地。在这个分工模式中，中国得到的主要是微薄的加工费，即使是微薄的加工费，也有53%被外资企业拿去了。美国要找让美国丢失工作机会的元凶，请找你自己国家的跨国公司去。即使跨国公司不把工厂设到中国，也会设到其他发展中国家，美国妄图让工厂搬出中国来改善美国的贸易收支，只会徒劳无功。

美国一直在指责中国不守规则，其实不守规则的恰恰是美国，无视世贸组织规则的是美国，阻挠世贸组织正常运行的也是美国。请问是哪个国家30次阻挠世贸组织上诉机构法官遴选，造成上诉机构瘫痪？

美美：世贸组织现在已经成为其他国家占美国便宜的工具，不能对不公平的贸易行为有效纠正和处罚，必须进行改革。

中中：我是不是听到了一个笑话？世贸组织以及世贸组织的前身关贸总协定，都是在美国的主导下建立和发展的，世贸组织的规则会不维护美国的利益？这句话说出去有人信吗？世贸组织是需要改革，需要提高效率，需要更多关注发展中国家的发展，这才是公平；而不是美国优先，让世贸组织规则进一步向美国倾斜，这只会造成更大的不公平。至于中国是否履行了入世承诺，是否遵守世贸组织规则，应该由世贸组织贸易政策审议机制来裁定，而不是美国依据国内法单方面做出所谓的调查，自证其辞，更不能在自说自话的基础上对中国加征关税、对中国企业断供甚至采取金融制裁。截至2018年7月13日，世贸组织对中国进行了七次贸易政策审议，对中国履行世贸组织各项义务情况给予充分肯定，认为中国履约、合规、开放的良好表现为世贸组织成员树立了典范。美国与其他国家有争议，理应在平等的基础上通过协商谈判解决，无法解决的应该通过世贸组织争端解决机制裁决，而不是自行其是，肆意采取单边措施，极限施压。对世贸组织改革的争议，应由世贸组织成员平等协商，通过谈判的方式解决，而不是恶意阻挠破坏世贸组织上诉机构，这不是显示美国多么有力量，只会暴露美国的心虚。

卯卯：双方各执一词，相互指责，似乎都有自己的理由。从刚才双方的发言中我们可以看出，造成这种局面的一个很关键的因素是双方对公平和公平贸易有不同的理解，因此接下来我们把这个关键因素理清之后再进行更深入的讨论。

什么是公平?

贝博士："从刚才的陈述中，我们可以看出，美国反复强调中国采取的不公平的贸易行为，占了美国便宜。而中国所说的公平与美国显然不是一回事。那么什么是公平?"

小易："公是公共，指大家，平是指平等，所以公平指大家平等。"

丁甲："公平是指每个人承担着他应承担的责任，得到他应得的利益，即权利与义务的对等。如果一个人承担着少于应承担的责任，或取得了多于应得的利益，这就会让人感到不公平。在国际事务中，对于国家也是一样。"

舒心："公平是指社会的政治利益、经济利益和其他利益在全体社会成员之间合理而平等的分配，它意味着权利的平等、分配的合理、机会的均等和司法的公正，包含公民参与经济、政治和社会其他生活的机会公平、过程公平和结果分配公平。"

辛乙："机会公平非常重要，又称起点公平，是一个社会是否健康的重要标志，如果没有机会公平，就容易出现阶层固化，贫富悬殊，社会矛盾积累，最终导致整个社会不稳。过程公平是指按照公正的规则和程序进行决策，保证结果的公平。"

舒心："结果的公平有收入分配相对平等的含义，即社会成员之间的收入差距不能过分悬殊，保证所有社会成员的基本生活需要。"

小易："公平和效率是不是矛盾的?"

贝博士："如果把公平狭隘地理解为平均，确实会造成奖懒罚勤的负向激励，那会降低经济效率。但经济学中的公平实际上与效率是一致的。在福利经济学中，有一种说法，在不损害任何人利益的情况下，增进一个人的福利，这种变化叫帕累托改进。如果再也无法做出这样的改进，那就达到了最优经济效率，即帕累托最优状态。这种最优经济效率反映了一种公平观念，即利己不损人。"

舒心："这种帕累托改进恐怕不容易实现吧?"

小易："对外贸易就不是帕累托改进，因为从一国内部看有人受损了。"

贝博士："是的，从两个国家整体看贸易是双赢的，是帕累托改进，但从一国内部看确实不是。后来卡尔多提出一种新的观点，如果受益者所得能够补偿受损者的损失还有剩余，那整体的福利就提升了，这也是一种效率的提升。不过卡尔多所说的补偿是假想的补偿，能否真正实现，取决于谈判成本，如果谈判成本足够低，能够通过谈判实现真正的补偿，整体的帕累托改进就可以变成双方内部的帕累托改进。希克斯后来提出了自然补偿机制，即虽然受益者没有拿出自己的所得补偿受损者，但从长期看，效率的提升会使得受损者收入提高，自然得到补偿。如果能够有良好运作的补偿机制，卡尔多—希克斯改进显然比帕累托改进更有利于社会进步，更有利于效率与公平的协调，也是社会经济中更普遍的现象。

"有些人把效率与公平对立，就是没有理解到效率与公平的协调统一，只看到平均主义对效率的损害，或者只强调整体福利的提升而没有对受损者的补偿。"

丁甲："受损者得不到补偿的例子应该很多吧？"

贝博士："是的，全球化的一个很大的负面影响，就是全球化的受益者没有给受损者补偿，造成收入差距拉大。这种收入差距拉大不仅表现为发展中国家和发达国家总体上收入差距拉大，也表现为各国国内收入差距拉大。由此引发一系列国际、国内冲突。"

舒心："受益者主要是谁？他们为什么不补偿受损者？"

贝博士："全球化的受益者主要是跨国公司，受损者主要是进口部门的生产者，以及稀缺要素所有者。比如美国的跨国公司在全球化中获取了巨额收益，而进口行业受到贸易自由化的冲击，有些企业倒闭，制造业向外转移，制造业就业机会减少，工人失业增加，向新的行业流动存在障碍，收入水平下降。跨国公司不愿把丰厚的利润与工人分享，因为全球化弱化了工人的谈判地位，跨国公司可以把工厂搬到全球范围内成本最低、税收最优惠、管制最少的地方。美国政府对改善国内收入分配无能为力，就把国内矛盾转移到国外，寻找造成美国问题的替罪羊，把国内收入的不公平问题转换成国际贸易不公平问题，中国因为对美国有最大的贸易顺差和巨额的外汇储备，成了其中最大的一个目标。"

什么是公平贸易和公平贸易原则？

辛乙："我查阅了资料，发现公平贸易是针对全球化标榜的自由贸易提出来的，产生于20世纪60年代的欧洲。公平贸易的提倡者认为自由贸易造成了自然环境的破坏、社会公义的丧失、恐怖主义的扩张、弱势民族的衰亡，应改革现行的贸易行为，支持社会公义，减缓发展中国家的极度贫困。公平贸易追求国际贸易的更大公平性，为在传统贸易体系中被边缘化的弱势群体创造机会，实现减贫和可持续发展。公平贸易理念1968年被联合国贸易及发展会议采用，强调与发展中世界建立公平的贸易关系。”

舒心：“根据我查到的资料，公平贸易最早出现在19世纪七八十年代，当时英国受到德国和美国崛起的冲击，英国提出公平贸易政策来应对两国的挑战。”

贝博士：“应该说你们俩所查到的内容，是世贸组织公平贸易原则的两个来源，现在世贸组织的规则体系里面这两方面都有体现。发达国家和发展中国家理解的公平贸易是有区别的。发展中国家更强调发展权，要求国际贸易应该有助于发展中国家发展经济，摆脱贫困。发达国家则主要强调对国内产业的保护，要求对不公平竞争行为进行规制。由于世贸组织规则制定是美国主导的，主要反映了发达国家的利益，所以世贸组织公平贸易原则的核心内容是要求各成员方政府、企业及其他相关方，不得采取不公平的贸易手段进行竞争或扭曲竞争，尤其不能采取倾销和补贴的方式向他国出口产品。

“如果发生了不公平竞争行为，以倾销或补贴方式出口本国产品，给进口方国内产业造成实质性损害或有实质性损害威胁时，该进口方相关部门可以根据受损的国内产业的申请发起调查，或主动发起调查，采取反倾销、反补贴、保障措施等贸易救济措施。当然，世贸组织也反对成员滥用以上贸易救济措施，以变相达到其贸易保护的目的。比如，征收反倾销税和反补贴税不能超过倾销和补贴的幅度。如果出现了上述贸易救济措施的滥用，受影响的出口成员方可以向世贸组织申诉，通过争端解决程序让进口成员方取消滥用行为，否则世贸组织将授权受影响出口成员方实施报复（如图9.1）。”

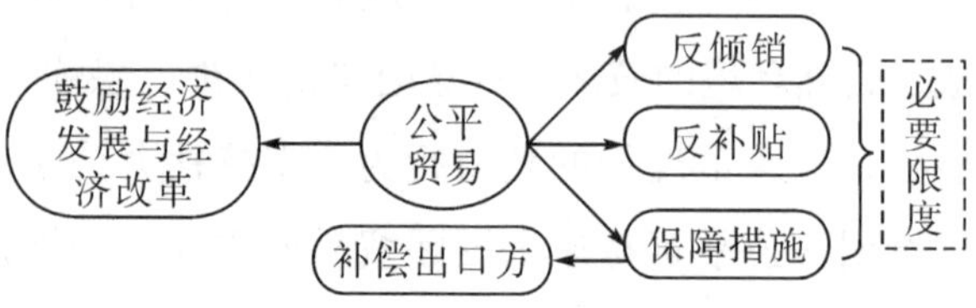

图9.1 世贸组织的公平贸易原则

小易："保障措施体现了公平贸易原则了吗？它应该是在出口方没有采取任何不公平竞争行为的情况下，进口方实施的保护国内市场的行为。"

贝博士："是的，保障措施与反倾销和反补贴很大的不同在于实施的前提不一样，反倾销与反补贴必须是出口方实施了倾销或补贴，并且对进口方国内竞争产业造成实质性损害或损害威胁，进口方才能实施。而保障措施的实施是在出口方没有任何过错的情况下，自由贸易协定的执行让进口方出现进口激增，国内竞争产业受到实质性损害或损害威胁，进口方暂停关税减让，对进口采取数量限制和价格限制，通常是关税配额，以限制进口。由于出口方无过错，为了公平，进口方采取措施前要通报出口方，并协商补偿方案。所以保障措施仍然是公平贸易原则的应用。"

丁甲："既然出口方无过错，那为什么允许进口方采取保障措施呢？这公平吗？"

贝博士："因为谁也无法对未来发生的事情百分之百地准确预测，一旦在履行国际义务进行贸易自由化的过程中发生了当初无法预测的状况，对国内产业造成严重损害，如果还不允许进口方采取救济措施，可能会对进口方造成重大损失，也可能会迫使进口方因无法履行义务而退出。因此，允许在履行国际义务的过程中有适度的灵活性，是稳定多边贸易体制的需要，也是公平的体现。"

舒心："您刚才说世贸组织公平贸易原则也体现了发展中国家的诉求，是怎么体现的？"

贝博士："公平贸易原则中体现发展中国家诉求的内容在关税及贸易总协定（简称关贸总协定）时期就出现了。关贸总协定'东京回合'谈判达成的《1979 年反倾销守则》要求发达国家在制定反倾销措施时，对发展中国家给予特殊考虑。同年，关贸总协定在声明中还指出，对于发展中国家的出口部门所采取的鼓励出口措施的做法，要适当予以认可，在反倾销和反补贴时，不能将出口产品价格与发展中国家国内价格做比较，而应当与出口到第三国的相同产品价格相比较。后来世贸组织把更多的体现发展中国家公平贸易诉求的内容整合进鼓励经济发展与经济改革原则，对发展中国家给予一些特殊照顾。”

小易：我怎么感觉这第三国价格似曾相识啊？现在美国对中国使用的替代国价格是不是就是从这里来到？也不是什么照顾和优惠啊？

舒心：“我也这样感觉，到美国手里变成了打着公平贸易旗号的贸易限制手段。”

美国主张的公平贸易是什么？

小易：“美国所主张的公平贸易到底是什么？”

贝博士：“20 世纪 80 年代，由于国际收支严重失衡，1985 年里根政府提出公平贸易计划，指责中国香港和日本的不公平贸易行为，迫使日、韩、中国香港等亚洲国家和地区对美国开放半导体、烟酒和金融市场，对主要出口方的纺织品和鞋类征收反倾销税。《1988 年贸易和综合竞争法案》提出公平贸易原则。

“1993 年 2 月克林顿在美利坚大学的演讲中，对公平贸易政策做了解释：我们将继续欢迎外国产品和劳务进入我们的市场，然而我们坚持认为，我们的产品和劳务也应该能够在同等条件下进入他们的市场。克林顿政府加强对贸易的干预，通过产业政策留住高附加值产业和高工资工作，强调市场对等开放。

“在贸易政策实践中，美国的公平贸易政策表现出贸易保护的性质。在美国优势产业领域大力主张自由贸易，要求其他国家以美国市场开放程度为标准对等开放市场；在美国的弱势产业领域，要求竞争对手实施与美国对等的环保标准、知识产权标准、劳工标准，频繁动用 201 条款、301 条款等国内法令制裁竞争对手，迫使对方采取对等标准，以削弱其竞争力（如图 9.2）。以公平贸易为由，频繁以反倾销、反补贴对别国进行制裁和报复，但对别国对美国的单边行为的抗议以及世贸组织对美国不利的裁定的执行，则采取拖延战略。”

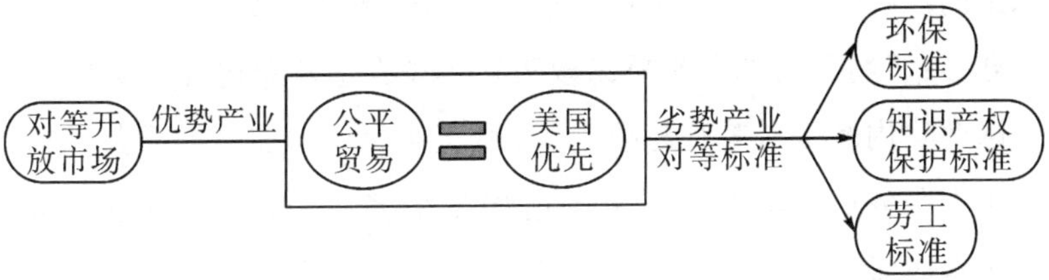

图 9.2 美国的公平贸易

舒心：“这么说美国的这种做法早就有了，不是从特朗普才开始的？”

贝博士：“特朗普政府的公平贸易政策是对美国以往政策的延续和发展，其内在逻辑具有一致性，即美国优先。但特朗普政府更加激烈和极端。2018 年 2 月 12 日，美国提出征收对等税，对进入美国的某国的某类产品，美国征收该国对美国同类产品征收的同样关税，即你对我的产品多高的税率，我对你同类产品就多高的税率。虽然美国所提的‘对等’与世贸组织的‘互惠’在英文中是同一个词，但与世界贸易组织的互惠并不一致。这显然是把世贸组织的互惠原则曲解为每种具体产品、每个具体市场的开放完全对等，要求各国在每个具体产品的关税水平和每个具体行业的市场准入上都与美国完全一致。这种做法必然导致美国对来自不同国家的同一类产品征收不同的关税，同一个部门对不同国家实施不同的市场准入，显然违反了世贸组织非歧视原则。

“世贸组织所提倡的互惠原则，是指成员方之间总体上的对等开放，并不要求所有产品和行业一对一的对等开放，同时考虑各国发展阶段的差别，发展中成员享有差别和更优惠待遇，尊重发展中成员的发展权。对于发展中成员而言，由于其处于发展初期阶段，需要对产业适度保护以促进良性发展，其市场随经济发展扩大后，也将为发达国家带来更多商业机会。因此，让发展中成员享有差别和更优惠待遇，符合包括发达成员在内的各国各地区长期利益，是卡尔多—希克斯改进原则的一种运用，这才是真正意义上的公平。”

舒心：“特朗普的公平贸易政策还体现在追求双边的贸易平衡，要求中国两年内减少对美贸易顺差2 000亿美元，增加对美国农产品的进口，扩大服务业市场准入。美国退出多个多边协议，要求重新谈判，热衷于双边谈判，以美国实力为基础，迫使对方做出更大让步。”

贝博士：“是的。在美国看来，凡是妨碍了美国优先的，就是不公平的。特朗普似乎全面开战，与全球为敌。退出一个又一个多边协定，重新签署北美自由贸易协定，与盟友们闹得也不开心。但是其政策重心在中国。对其他国家挥舞的关税大棒，一定程度上是迫使它们跟随美国对付中国的手段。听话的就豁免，不听话的就征税。要求盟友们承担更多责任来维护以美国为主导的国际体系。”

小易：“美国为什么要以中国为目标？”

贝博士：“因为中国的快速发展出乎美国的意料，让一部分美国精英产生了战略焦虑。中国自开改革开放以来，经济快速发展，从低收入国家上升为中等收入国家，与美国的差距快速缩小，货物贸易规模全球第一，在国际上的影响力越来越大。中国一贯遵守国际规则，尊重以美国为主导的国际体系，中国的发展本来是世界的福音，给其他国家提供了更多发展机遇。但是美国一部分人持绝对竞争的观点看待国际关系，把中国的发展看成对美国的威胁，尤其是中国独特的政治经济体制和发展模式被他们视为异类，中国经济发展的成功对发展中国家起到了很大的示范效应，这被美国精英看成对美国价值观和美国全球领导地位的挑战。”

小易：“特朗普一直在说美国吃亏了，他是真的这样认为吗？还是纯粹就是一个借口？”

贝博士：“两者都有。他们以相对获益的角度看待中国的复兴，虽然美国从中国的经济发展中获益匪浅，但随着中美之间差距的缩小，美国在国际权力结构中的地位下降，相对获益为负。这就是美国吃亏论、危害美国国家安全论的根源。正是出于这种心态，美国指责中国是经济上的国家资本主义、政治上的威权主义、国际贸易上的重商主义、地缘政治的扩张主义，对中国处处防范、遏制。2018 年 11 月 30 日，美国主导重新签署了替代《北美自由贸易协定》的《美国—墨西哥—加拿大协定》，该协定被写入了一个针对中国的‘毒丸条款’——若三国中有一国与某个‘非市场经济国家’签署自贸协定，则其他协议伙伴有权在 6 个月内退出北美自贸协议。美国政府官员对外宣称该协议将成为美国以后与各方开展自贸谈判的模板。”

舒心：“但是美国这种行为恐怕在国际上得不到认可吧？”

贝博士：“为了得到国际社会道义上的支持，美国使用国内法对中国进行调查，捏造、夸大事实，使用似是而非的逻辑，污蔑中国强制外资企业转让技术、盗窃美国知识产权、窃取商业机密，指责中国政府不遵守世贸组织规则、不履行入世承诺、利用国有企业实施补贴和倾销、实施掠夺性产业政策、操纵货币等，试图说明中国对美国形成不公平的优势并抢走美国的工作机会。”

小易：“美国的真正意图恐怕在于遏制中国的发展吧？”

贝博士：“是的，美国有一部分人对中国有很强的防范心理。美国要求中国履行发达国家的义务，与美国对等开放，尤其是放开服务业市场准入。这样一方面为美国优势产业进入中国市场打开大门，另一方面打乱中国开放步骤，迫使中国在服务业尤其是金融行业还没有准备好的情况下彻底开放，防止中国步步为营增强实力，对美国金融霸权构成挑战。特朗普政府前首席战略顾问斯蒂夫·班农在日本东京做了一场题为《中国摘走了自由市场之花，却让美国走向衰败》的演讲，明确提出美国精英阶层的担心：人民币国际化会让美元失去储备货币地位，中国金融技术的发展会使得未来没人能将中国赶出全球金融市场。

“所以，美国所主张的公平贸易，是抛弃国际贸易规则、以美国优先为前提的贸易，中美贸易战是对中国的遏制与打压，而不是因为美国真的遭到不公平的待遇。”

中国的公平贸易主张与世贸组织改革

丁甲：“那么面对美国的遏制中国怎么办？”

贝博士：“我们一方面要把美国的企图和危害揭露出来。美国的单边主义行为对国际经济体系造成严重损害，破坏了世贸组织等国际机构的权威性，同时也损害了美国自身的信誉，给国际经济带来巨大的不确定性。美国企图摆脱多边机制的约束，改用对美国更有利的双边谈判，使得国际社会面临重回以实力为基础的丛林社会的危险，不但损害了其他国家的利益，从长远来看，最终必会损害美国自身的利益。另一方面，中国要有自己的主张。”

丁甲：“中国主张什么样的公平贸易？”

贝博士：“中国主张开放、透明、包容、非歧视性的多边贸易体制，遵守世贸组织的公平贸易原则，在考虑发展中国家发展需要的前提下，按照共同的规则推动全体成员方的贸易自由化，为各方提供公平竞争的环境。从关贸总协定到世贸组织，七十多年的全球贸易经验表明：无条件的单边自由贸易是行不通的，合作共赢的公平贸易才是推动自由贸易的可行路径。”

小易：“对世贸组织改革，中国应该怎么应对？”

贝博士：“中国也主张改革完善多边贸易体制，支持对世贸组织进行必要改革，坚决反对单边主义和保护主义。其实不仅仅是世贸组织需要改革，整个国际治理体系都需要改革。但是改革应该通过协商谈判推进，而不是单方面搞极限施压，动不动就撂挑子、掀桌子。当前有些国家发动贸易战，除了冷战思维、狭隘利益观作祟，更重要的原因在于它缺乏安全感；之所以缺乏安全感，就是因为国际治理体系仍存在很大不足，不能有效进行国际协调和管理。在某些人的思维中，实力为尊的观念仍根深蒂固，国家实力对比的变化容易引起他们的焦虑和不满。”

美国缺乏安全感

贝博士：“但是解决问题的正确办法是维护和完善国际治理体系，而不是冲击、损害国际治理体系，那样做只会让问题变得更糟。只有建立起大家共同遵守的有效运作的全球治理体系，才能从根本上解决不公平问题，实现真正的公平。因此，中国主张与发达国家和广大发展中国家的互利共赢合作，坚定推动构建人类命运共同体，这是更优的解决方案。”

小易：“但是这种改革不是短期能解决的吧？目前怎么应对美国的这种单边行为给中国带来的风险呢？”

贝博士：“为了对冲美国的破坏行为带来的风险，中国需要加强区域经济合作，加快推进中欧投资协定的谈判和落实，推动中欧自贸区问题提上议事日程，加快中日韩自贸区谈判进程，推动《区域全面经济伙伴关系协定》早日落实，深入推进‘一带一路’国际合作，增添共同发展新动力。”

10

政策怪象 公共选择是推手

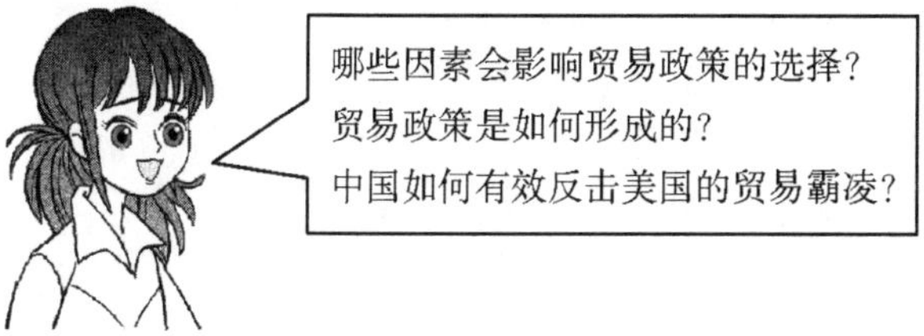

贸易政策保护的是少数还是多数？

贝博士走进教室看到学生们在一起争论什么问题，就好奇地问："好热闹啊！大家又在讨论什么？"

小易："我们在争论美国是不是真正的民主国家，如果是，那为什么美国的对外贸易政策有很多违背民主的奇怪现象。"

贝博士："哦？说说看，怎么违背民主了？"

舒心："您跟我们讲过，出口会损害国内消费者的利益，增加生产者的利益，进口会增进国内消费者的利益，损害生产者利益。美国很多贸易政策都是鼓励出口、限制进口的，也就是说这些贸易政策会增加生产者的利益，损害消费者的利益。从某一个具体的贸易政策涉及的群体来看，即使有一部分消费者和生产者是重合的，但是从人数上看，消费者的数量肯定大于生产者的数量。按照民主原则，这类贸易政策不是很奇怪吗？如果美国是一个真正的民主国家，出台的政策不是应该保护大多数人的利益吗？"

丁甲："既然消费者和生产者有重合，你怎么知道抵消之后，不是生产者比消费者多呢？"

辛乙："大多数情形应该是消费者更多吧？不服的话我这里找到一个例子，是美国对制糖业的保护，我们看一个学者计算出来的数据。美国自 20 世纪 80 年代以来使用进口配额对制糖业进行保护，结果使

民主不一定保护多数

美国国内生糖价格大大高于国际市场价格。2005 年美国将食糖进口配额设定在 140 万吨，使得食糖的国内价格比国际市场价格高出 2 倍多，使全国食糖消费者多支出 16.74 亿美元，制糖业增加收入 8.53 亿美元，使每个美国人每年多付出约 6 美元。对食糖的保护还导致了走私行为，因此保护的成本还要再加上反走私行动的开支。保护的效果如何呢？美国食糖业只雇用了约 3.8 万人，保护只使约 1.2 万人避免了失业，保留食糖业每一个工作机会的成本超过了 20 万美元，这些成本都由消费者负担了。你看食糖生产者人数只有约 3.8 万人，而食糖消费者即使去掉这一部分食糖生产者当时也有近 3 亿人。如此悬殊的人数差异，美国政府为什么没有保护大多数人的利益呢？”

贝博士：“嗯，有趣的问题。辛乙今天找到了一个很好的例子，等一下我们会用到。不过首先要提醒大家的是，民主不是简单地等于少数服从多数，所谓民主国家的政策也不一定符合大多数人的利益。关于民主问题，我们在这里不准备多说。为了解释大家眼里的政策怪象，我们今天来了解一下影响贸易政策的因素和贸易政策形成机制。”

影响国际贸易政策的因素有哪些?

贝博士:“请大家根据学过的世界经济史和国际经济现实,说一说有哪些因素会影响一国的对外贸易政策?”

小易:“我知道经济发展阶段肯定是一个影响因素。发达国家产业竞争力强,贸易政策比较自由开放,发展中国家产业发展处于初级阶段,缺乏竞争力,一般保护程度较高。”

丁甲:“这也不一定吧,发达国家之间贸易保护程度也不一样啊,发展中国家贸易政策也有差别。”

贝博士:“一国贸易政策是由多种因素造成的(见图10.1),我们不可能用一种因素解释所有的差异,我们应该在其他因素相同或不变的情况下观察一种因素对贸易政策的影响。如果我们从纵向观察美国对外贸易政策的演变,可以比较清晰地看到经济发展阶段和国际经济地位对一国对外贸易政策的影响。

图10.1 影响国际贸易政策的因素

“美国独立后经济还比较弱小,制造业落后于英国等欧洲强国,美国向欧洲出口的主要是初级产品,在高端产品上则缺乏竞争力。因此,第一任财政部部长汉密尔顿提出了保护幼稚产业的政策主张,尤其是在南北战争以后,北方工业资产阶级打败南方主张自由贸易的农场主,美国贸易政策制造了更多的贸易壁垒,以保护国内的一些特定产业。

“第二次工业革命时期,美国后来居上,钢铁产业、石油产业、金融产业均居世界前列,美国成为全世界最大也最先进的工业国家,金融中心也从伦敦转移到了纽约。'罗斯福新政'时期，美国贸易政策转向'互惠'，政府不再只是保护国内企业，而是争取更多出口，通过主动减少贸易壁垒，换取他国的相应让步，走向更自由更开放的贸易。这里的互惠就是对等，只不过没有像特朗普主张的那样绝对，而是更接近世贸组织的互惠原则。到了 20 世纪 80 年代，面对日本的竞争，美国的对外贸易政策开始转向保守，更加强调打开其他国家的市场，不过美国市场仍然是非常开放的市场。随着美国制造业往外转移，国内制造业进一步衰落，美国的贸易政策更趋保守，其结果就是特朗普政府实施强调绝对对等的、更具进攻性的贸易政策。"

舒心："您刚才说到在南北战争前美国南方和北方主张的贸易政策不一样，这是不是利益集团？"

贝博士："对，利益集团也是影响对外贸易政策的重要因素。美国内战前，北方的工业资产阶级主张贸易保护，避免先进国家工业的竞争；而南方的农场主反对贸易保护，因为会遭到其他国家的报复，不利于农产品的出口。所以独立之后到内战之前，美国的对外贸易政策随着两方势力在政府中的变化而波动：当代表北方利益的政府执政时，美国征收高关税；到代表南方利益的政党上台后，美国又大幅度调低关税。"

丁甲："对外贸易政策跟经济状况也有关系，新重商主义主张在有效需求不足时实施奖出限入的贸易政策，所以在经济不景气时贸易保护主义就会抬头。这相当于向外转嫁危机，是以邻为壑的政策。1929 年大萧条发生后，1930 年美国通过《斯穆特—霍利关税法》，进口平均关税率达 55%。这引发了各国报复，贸易战不断升级，使得 1932 年的全球贸易仅相当于 1929 年的三分之一。"

辛乙："我觉得国家之间的政治关系对贸易政策也有影响。政治关系好的国家之间更容易达成贸易自由化协议，贸易保护相对少一些。中日韩自贸区始终无法取得进展，很重要的原因就是政治因素的干扰。”

小易：“贸易政策跟领导人的偏好有关系。奥巴马好不容易谈妥了跨太平洋贸易协定，结果特朗普一上任就退出了，还要求重新谈判所有贸易协定，四处出击，加征关税，搞得狼烟四起。”

贝博士：“是的，主导贸易政策制定的领导人的理念和偏好对贸易政策也有影响。典型的代表是1933年到1944年美国国务卿柯德尔·赫尔，他不是只会表达自己所在利益集团诉求的傀儡，而是用观念来推动变革的关键角色。赫尔是自由贸易的倡导者，他认为长期封闭自保反而会加深危机，而通过互惠措施，共同削减关税壁垒，可以实现共赢，使得所有国家都可以无差别获得原材料，所以他认为不应该通过贸易限制来表达民族主义。赫尔的理念在当时显得过于理想主义，被凯恩斯称为‘赫尔先生的疯狂建议’。但事实证明赫尔是对的。这固然是因为美国当时已经是世界第一强国，无惧竞争，但赫尔的信念和极力推动也功不可没。这种信念不仅推动了美国贸易政策走向，也改变了世界贸易秩序。”

舒心：“我觉得国际规则也是影响一国对外贸易政策的重要因素。一国制定贸易政策时要受到国际贸易规则的约束，比如世贸组织成员的贸易政策不能违背世贸组织的规则，一旦违反了世贸组织规则，就会受到相关成员方的诉讼甚至报复，而世贸组织贸易政策审议机制也会定期对成员方的贸易政策进行审议，纠正成员方贸易政策中不符合世贸组织规则的部分。”

丁甲：“不一定吧？你看，美国现在不就对世贸组织规则视若无物吗？”

舒心：“没有啊，美国虽然有意在边缘化世贸组织，并施压世贸组织按照自己的意愿改革，但它的行为基本是在世贸组织规则内的，只是抓住了世贸组织规则的一些漏洞，比如利用世贸组织协商一致的决策机制，就是不同意上诉机构法官的遴选，造成现在上诉机构的瘫痪。”

小易："经济学家的意见是不是影响贸易政策的因素？你别告诉我不是啊，否则经济学还有什么用？"

舒心："那你要失望了。20 世纪 30 年代大萧条时，1 028 位经济学家联合上书，恳请胡佛总统不要签署贸易保护主义的法案《斯穆特—霍利关税法》，但法案还是通过了。2018 年 5 月，1 100 多位经济学家联名致信美国总统特朗普和美国国会，警告美国政府不要采取加征关税的保护主义政策，避免重蹈 20 世纪 30 年代大萧条的覆辙，结果也是于事无补。我也怀疑经济学有没有用。"

贝博士："大家不要泄气，虽然经济学家想直接对贸易政策发挥影响没有成功，但经济学通过解释贸易和贸易保护的正面和负面的影响，来影响大众的观念，可以间接影响政策。今天我们就来用经济学分析一下美国贸易政策是怎么形成的。"

贸易政策是如何形成的?

贝博士："以前分析经济问题时，通常把制度作为既定的变量，研究在给定的制度下经济主体的行为及经济决策。但是由于贸易政策涉及各方的经济利益，贸易政策的制定是一个政治过程，贸易政策是各利益相关方通过政治决策机制相互博弈的结果。运用经济学的方法分析政治决策就形成了公共选择理论。公共选择理论认为除了经济市场还存在政治市场，在经济市场和政治市场上，个人都受利己心支配追求自身利益最大化。

"经济市场的主体是作为需求方的消费者和作为供给方的生产者，政治市场的主体是选民、利益集团、政府机构、政治家和官员，其中选民和利益集团是需求方，政府机构、政治家和官员是供给方。人们通过货币在经济市场上选择能给他带来最大效用的私人物品，通过选票在政治市场上选择能给他带来最大利益的政党、政治家和法律制度。”

舒心：“贸易政策可以看作公共物品？”

贝博士：“贸易政策是一种特殊的公共物品，其形成和演变由供需双方复杂的互动来推动。从需求方看，其主体是选民和利益集团，每一个选民和利益集团为了自身的利益都会向供给方表达自己的诉求，表达诉求的方式跟具体的政治制度有关，直接投票、院外游说、在政府中扶持代言人、民间团体和舆论、街头政治等都可能是表达诉求的渠道。不同利益群体之间也存在竞争。”

小易：“那从供给方来看，其主体就应该是政策制定相关机构和政府官员，他们的目标是什么呢？是为了全体国民的福利？但是刚才从需求方看，不同国民利益诉求有冲突啊。”

贝博士：“前面我们在分析贸易和贸易政策时，假定一国政府的目标是实现社会福利的最大化。但在现实中，政府的目标往往既有经济的考虑，也会有政治和社会的考虑。在公共选择理论中，假定政府和官员也是追求自身利益的最大化的，这与整个经济学分析的逻辑是一致的。一个政党的主要目标是能够上台执政，执政时能够维持社会稳定，政府官员的目标则是保住位置或升迁。而能否实现目标，一方面与政策需求方的诉求及其表达方式有关，另一方面与政府的结构和权力分配有关。不同政党、不同部门之间也存在竞争。”

小易：“如果政府是由民主选举产生的，政府在制定政策时会怎么样？”

贝博士：“如果政府是由民主选举产生的，那么只有得到多数选民的支持政府才能执政。所以政府在制定经济贸易政策的时候，必须要考虑如何得到多数选民的支持。怎样才能得到多数选民的支持呢？方法就是尽可能地选择靠近中点选民意见的政策。

“对于一个公共事项，不同选民有不同偏好，中点选民意见就是居中的观点，以此为界，一边更为保守，一边更为激进，且两边人数接近。我们可以用一个简化的例子来说明。假设一国有 9 个选民，当然你可以看成 9 个按偏好划分的团体，他们对关税的偏好不同，根据其对关税率的偏好，从低到高排列。假设第 1 人主张关税率 1%，第 2 人主张关税率 2%，以此类推，第 9 人主张关税率 9%。那么第 5 人就是中点选民，其主张是 5%的关税率。选民会投票给政策主张跟自己更接近的政党。

“现在有甲、乙两个政党，两党都想得到大多数选民的支持。假定甲党选择 8%，乙党选择 7%，则主张高关税的选民 8、9 就会支持甲党，主张低关税的第 1 到第 7 个选民就会支持乙党。如果此时又出现个第三党，选择税率 6%，则第 1 到第 6 个选民转而支持第三党，乙党只剩 1 个支持者。由此可见，接近中点选民意见的政策，能得到大多数选民的支持。各政党预见到这一点，为了得到更多选民的支持，会选择接近中点选民偏好的政策。

“当然这里给出的是一个简化的例子，而且得出这个结论需要一系列假设前提，比如所有选民都具有投票意愿，选民具有单峰偏好，政治立场正态分布的选民在一个一维的象限中会投给立场与自己更接近的那个候选人，一人一票，直接选举，且所有的候选人只在乎能赢得选举，而不会执著于特定立场。大家感兴趣的话可以去找一些更深入的文献来学习。”

舒心：“但是这没法解释开头我们提到的贸易政策保护少数人利益的情况。怎么解释这种牺牲多数人利益保护少数人利益的贸易政策？”

贝博士：“这要从集体行动的难度和个人利益的大小进行解释。前面我们说了，在政策制定过程中，政策需求方要表达自己的利益诉求，供给方会根据需求方的利益诉求，选择最有利于自己执政和维稳的政策。但是不同的利益群体的利益诉求不同，甚至完全相反的时候，供给方根据谁的诉求来决策呢？这要看谁能够更有效地表达诉求。而诉求表达的有效性跟有没有采取行动和采取行动的人数有关。

“我们看开头辛乙找到的例子。美国对进口食糖使用进口配额来对制糖业进行保护，结果使美国国内生糖价格大大高于国际市场价格，损害消费者的利益，因此消费者反对这项政策，而美国食糖生产者因这项政策而受益，所以支持这项政策。消费者人数近3亿，生产者只有不到4万人，消费者的人数远远超过生产者人数。但是在集体行动上，消费者一定没有生产者有效。原因在于一个集体人数越多，越难以采取一致行动。人越多，搭便车的人越多，意见也越难以协调统一，集体行动的效率越低；人越少越容易组织协调，也更容易监督，减少搭便车行为，更容易采取一致行动。正是由于人数上的悬殊，食糖生产者一致行动的有效性远远高于食糖消费者，能更有效地向政府表达采取保护措施的诉求。

"决定集体行动有效性的另一个重要因素是个人利益的大小。食糖消费者作为一个整体在保护措施中损失巨大，每年多支出16.74亿美元，但是由于人数众多，平均每个人每年只多支出约6美元，这点损失微不足道，不值得为此采取行动。而贸易保护让生产者收入每年增加8.53亿美元，由于生产者很少，分到每个生产者头上的收益相当可观，相反，如果不保护，生产者则可能会破产、失业，生活受到的影响很大。所以贸易政策对每个生产者的影响远远超过消费者。

"消费者个人利益受到的影响小，缺乏采取行动的积极性，持无所谓的态度，同时人数众多导致采取集体行动难度大；而生产者个人利益受到的影响大，有很高的积极性采取行动，而且采取集体行动的协调性高。所以生产者能更有效地表达自己的利益诉求。政府在制定政策的时候，肯定会倾向于对其执政和维稳的目标影响更大的生产者，从而选择让少数人受益、大多数人受损、社会总福利下降的贸易保护政策。"

小易："不管是中点选民理论还是集体行动理论所揭示的行为逻辑，对所有政党应该是一样的。可是我们从现实来看，在美国好像不同的政党的政策主张不一样。这是为什么呢?"

贝博士："这里面还有政治贡献的因素在起作用。在美国，每个政党都代表一些特殊集团的利益，这些利益集团也在竞选过程中支持能给他们带来利益的政党。比如，工会一般支持民主党，财团和企业一

集体行动的难题

般支持共和党。利益集团出钱出力支持各自的党派候选人，当这些候选人当选后，就会在力所能及的范围内推行有利于支持自己的利益集团的政策。如果对支持者的贡献不予回报，在下一轮竞选中就会丧失他们的资金和选票。

“我们可以看一个例子。在2008年总统选举期间，工会除了呼吁成员给奥巴马投票以外，还为民主党捐款。工会为奥巴马花费的竞选资金高达3亿多美元，远远超出奥巴马自己筹措的经费。奥巴马上任之后在几天内，就连签四道有利于工会组织的行政法令。”

美国的利益集团有哪些？

舒心：“美国的利益集团多吗？主要有哪些？”

贝博士：“美国国内有众多的利益集团，这些利益集团通过选举、游说等方式进入贸易政策决策过程，影响贸易政策。”

丁甲：“我知道，有农业利益集团，他们支持特朗普。”

贝博士：“农业利益集团人数少但政治影响比较大，一直是全球农业自由贸易的消极力量。美国农业社联合会是美国最大的农业集团组织，代表大农场主的利益，政治上比较保守，反对政府的干涉行为，认为福利国家是把美国社会主义化，对外主张干预其他国家事务，奉行美国优先。全国农场主联合会主要代表中西部和西部地区的小农或者家庭农场主的利益，主张政府加强对农业的干预，增加补贴，实行福利计划，在外交政策上倾向于反对对外干预，集中于国内事务。

“由于农业利益集团在国会中的政治势力一直比较强大，在美国对外贸易政策决策中，经常可以看到农业利益集团的影子。在参议院中，中西部以农业为主的州，每个州都占有两名参议员的席位。在众议院的许多选区里，农业集团也是影响美国国内区域政治的主要力量，其利益诉求往往会受到各方面的重视。因此，与其他利益集团相比，农业利益集团游说受到的外部阻力相对较小。在这一局势下，美国的农业受到政府的长期保护，其中的糖、棉花等相关产业的保护尤为突出。因为美国有大量的对华农业出口，保护主义倾向严重的农业利益集团在维护中美贸易关系上一度扮演着非常积极的关键性角色。”

辛乙：“还有工商业利益集团吧？”

贝博士：“工商业利益集团在美国对外贸易和经济发展中发挥着举足轻重的影响，这些大型的公司拥有足够的实力来对政府施加影响，包括为美国公民提供工作机会从而降低失业率、为政府提供数目可观的税收等，所以政府在制定贸易政策时不得不考虑到这些企业利益集团的诉求。这些企业集团经常从事院外游说活动保护自己的利益。美国大约有 1 800 多个各种各样的行业协会组织，还有一些影响比较大的全国性综合企业组织，如全国制造商协会、美国商会、全国对外贸易委员会、美中贸易全国委员会等。工商业利益集团由于与中国经贸紧密，许多企业不仅向中国出口商品，还直接在中国投资设厂，建立生产基地与研发基地，因此对中美贸易大都持积极态度。但是在一些与中国竞争的产业领域，面对来自中国的竞争，相关的产业协会如纺织品制造商协会、钢铁协会、商业与产业协会等则经常要求政府保护。

比如，美国钢铁协会曾多次迫使美国政府对钢铁产业进行保护。”

小易：“环境保护主义者算不算一个利益集团？现在环保组织好像很活跃啊。”

贝博士：“环境保护主义集团是近几年新产生的利益集团。近年来，环境问题逐渐成为全球各国关注的焦点，因此美国国内也涌现出一批环境保护倡导者，他们主张保护资源和环境，反对经济全球化，认为经济全球化会破坏美国环境。同时他们也反对北美自由贸易区和美洲自由贸易区的建立，因为他们认为这些自由贸易区的建立会降低美国的环境保护标准，从而对美国的资源和环境产生负面影响，因而环境保护主义集团要求美国政府制定的贸易政策应倾向于强化环境贸易壁垒，这也是近年来绿色贸易壁垒越来越兴盛的原因之一。”

舒心：“美国金融业发达，是不是也有一个金融业利益集团？”

贝博士：“华尔街金融集团是美国金融业利益集团的领导者，历史悠久，实力超群。在1913年美国中央银行未建立以前，华尔街是美国金融力量的枢纽，比如当时摩根银行多次充当了实际上的美国中央银行的角色。华尔街金融集团主要是通过影响财政部门来贯彻自己的政策主张，在过去的40年中，华尔街为财政部输送了6位财政部部长，在职时间总共加起来超过20年。随着美国经济脱实向虚，金融利益集团在美国的政治影响力进一步增强。金融利益集团热衷于推动其他国家金融市场的开放。”

贝博士：“大家是不是遗忘了一个利益集团？”

丁甲：“我想起了，工会！历史上工会影响很大啊。”

贝博士：“工会利益集团与其他类型的利益集团相比，具有的最大优势就是人数众多，这也意味着选票较多，如劳联—产联下设有60个联合会，代表了美国1 300万工人，劳联—产联从而成为美国对外经济决策过程中举足轻重的一支力量。工会利益集团不仅活动能力强、动员程度高，政治游说也具有其他利益集团难以企及的规模效应。在当前，随着美国经济的产业升级，美国一些传统的劳动密集型产业面临日益激烈的国际竞争，甚至纷纷破产。在此背景下，工会组织的保护主义倾向也越来越明显，而且将矛头开始对准在劳动密集型领域最强大的竞争者——中国。工会利益集团是当前最积极的对华贸易保护主义推动者，其中钢铁工人联合会的表现尤为突出。”

舒心：“利益集团怎样影响美国贸易政策制定?”

贝博士：“利益集团为了维护自身的利益，会采取各种各样的方式来对政府贸易政策的决策进行影响，其中最主要的方式是直接游说和竞选支持。竞选支持是指有些财力雄厚的利益集团为了保护和实现自己的利益目标，斥巨资来支持总统或国会议员的竞选。当选者为了继续得到支持，会在贸易政策的制定过程中倾向于这些支持者的利益。以美国的烟草种植业为例，烟草利益集团在1993年到2000年的八年间，向国会内360名议员进行了选举捐赠，使得美国烟农在国会立法上得到了政策倾斜，维护了自身利益。

“直接游说指利益集团直接向政府官员陈述自己的观点和立场，从而达到影响贸易政策制定的目的。利益集团将负责相关法律的国会议员或者官员作为游说的主要目标，竭力与之沟通；与此同时，议员与官员的工作也需要这些利益集团的支持。利益集团凭借其在专业性问题上强大的信息收集、处理与分析能力，依靠组织内部的专家和智库，可以为议员与官员提供专业性帮助，这在一定程度上提高了议员的权威性和说服力，促进了其事业发展，而利益集团也以此对议员进行潜移默化，使其对利益集团依赖加深，最终使政策向着有利于自己的方向发展。有时拥有相同目标的利益集团会结为同盟，建立合作关系，从而共同维护各自利益。

“利益集团影响贸易政策制定的手段方法还包括法律诉讼、游行示威、大众媒体宣传等，手段多样。”

贸易政策权力在美国政府部门间如何分配?

丁甲："我猜，肯定是美国国际贸易委员会和商务部掌握贸易政策制定的主要权力。"

贝博士："猜错了。商务部和国际贸易委员会只是贸易政策的执行机构，在国际贸易政策的制定中掌握主要权力的是国会、总统、贸易代表办公室和财政部。农业部、能源部与环境保护署等部门也在各自的业务范围内有一定的参与权。"

丁甲："商务部和国际贸易委员会名不副实啊。"

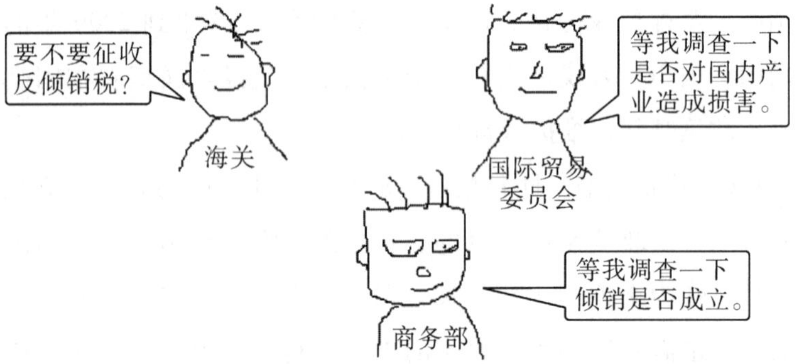

贝博士："美国独立后，国会在贸易政策制定中居于主导地位。美国宪法第一条第一款规定：本宪法授予全部立法权，属于由美国参议院和众议院组成的合众国国会。宪法第一条第八款规定国会有权管制同外国、各州之间以及印第安部落的商业，还规定国会具有征收关税的权力，确定了国会在贸易政策中的主导地位。"

小易："国会通过立法参与贸易政策制定吗?"

贝博士："国会对贸易政策的干预主要通过以下方式：首先，作为立法机构，国会享有对立法草案的审批权和否决权，这也成为美国国会干预贸易政策最直接有效的途径；其次，任何一项法律和政策的出台都必须有预算作为支撑，美国国会拥有预算和拨款的权力，这就意味着法律和政策最终实施要有赖于国会的支持；再次，美国高级贸易谈判代表人员的任命必须经过国会认可和批准；最后，国会还通过召开听证会等方式对美国贸易政策进行回顾与评估，贸易政策的主要负责人包括贸易代表、贸易政策委员会成员甚至总统本人都可能被国会要求出席听证会，接受来自国会议员的质询。”

小易：“国会的权力很大啊。”

贝博士：“对，由于国会权力过大，国会又很容易受到利益集团的游说，所以容易让贸易保护政策出台。20 世纪 30 年代大危机之后，为了减少因利益集团对国会的压力带来的贸易保护，1934 年《互惠贸易协定法》授权总统为首的行政部门主导贸易政策的制定，国会退居幕后。在国务卿赫尔的推动下，美国贸易政策趋于自由化。

“20 世纪 60 年代，日欧崛起，美国国际收支恶化，国内许多产业受到严重威胁，贸易保护主义势力抬头。国会对总统及国务院长期忽视贸易政策的行为极为不满，开始向行政部门夺权，逐步转移、分化总统的贸易决策权，以期改变二战后奉行的自由贸易政策。从《1962 年贸易扩大法案》开始，国会设置特别贸易谈判代表，专门负责美国对外贸易谈判，该机构的职能在其后的发展中逐步得到加强并最终成为美国贸易政策的主要制定机构。美国贸易政策从倡导自由贸易转向推行公平贸易。随着 20 世纪 70 年代以来美国对外贸易规模的不断扩大，参与贸易决策的部门也越来越多，它们共同构成了新形势下美国贸易政策复杂的决策机制。”

舒心：“您刚才说财政部也参与美国的贸易政策制定？”

贝博士：“20 世纪 30 年代，国会在货币金融方面给予财政部特别授权，造就了强势的财政部，将财政部推到了国际经济决策的前台。由于财政部的职能几乎涵盖了一切与国际经济相关的问题，因而凡是与汇率相关，甚至是不相关的国际经济问题与协调工作都需要由财政部代表美国政府出面交涉和协调。财政部在处理国际经济问题时通常采取美国第一的立场。”

小易："国会和行政机构在贸易政策中的立场不一样吗？"

贝博士："国会议员在处理贸易问题及参与贸易决策时的风格明显不同于行政机构。国会议员要对自身选区负责，且具有连选连任的压力，所以国会议员的决策出发点往往比较狭隘，仅仅考虑如何维护自身选区的选民利益；鉴于国会议员的选举压力，国会议员相比行政官僚对于外部压力更敏感，特别是对来自组织良好的利益集团的压力尤其敏感；同行政官僚的谨慎而追求专业的风格不同，国会议员习惯于在国会这个自由论坛上唇枪舌剑，而且活跃于各种听证会、质询会，工作方式比较具有对抗性，面对与外国的贸易争端与分歧倾向于采取强硬态度和立场。

"长期以来，行政机构被称为抵制贸易保护主义的壁垒，原因是总统无须对特定选区负责，而是需要从国内外总体情况出发考虑问题。贸易保护主义政策往往只是保护狭隘群体的利益，但代价却是要美国承担贸易报复的损失。总统统驭全局，一方面了解国内经济，另一方面兼顾国际关系，因而对贸易政策的了解更为深入和全面，而且更容易动员支持自由贸易的民众抵制贸易保护主义。"

丁甲："但是特朗普好像恰好相反啊？"

美国发动贸易战的国内驱动因素是什么？

辛乙："对啊，特朗普上台后美国为什么要对中国发动贸易战呢？"

贝博士："美国发动贸易战有深刻的背景。随着全球化深入发展，全球财富在增长，但是收入差距也在加大。近40年来，美国的收入差距持续加大，在2016年1%最富有的人拥有40.8%的财富，0.1%的富人拥有的财富再次逼近20%，接近1929年大萧条时的水平。

"出现收入差距拉大的原因，我们在前面的学习中也解释过，就是自由经济和自由贸易理论所假设的商品和要素的自由流动在现实中存在诸多阻碍，使得全球化过程中受损的群体无法通过市场机制自动得到补偿，而美国政府也没有很好地发挥调节收入差距的作用。就像美国学者所说的那样，近 40 年来，美国贫富差距持续扩大的根源在于新自由主义，以推行私有化、市场化、自由化为核心内容的新自由主义，实质是维护富人阶层利益，让富者愈富、穷者愈穷。

“随着全球价值链的形成，美国传统制造业向外转移，就业岗位减少。由于传统的分配机制和利益格局的限制，美国政府没能及时建立有效的再分配和再就业机制，导致部分社会群体的失业问题长期积累、积重难返。阶层流动性降低，打击年轻一代的信心，阶层矛盾、种族矛盾被重新燃起，有些群体的收入停滞甚至恶化，比如美国一些没有接受过高等教育的白人，就有了比较大的落差。这些全球化的边缘人群没有得到很好的保护，催生了政治上的民粹主义和孤立主义。

“美国政府为了转移国内社会矛盾，就把国内问题国际化，找了两个替罪羊，一个是全球化，一个是中国。全球化使得美国制造业外移，带走了就业机会和税收。中国经济快速增长，成为制造业大国，中美之间贸易失衡，中国是美国最大贸易逆差来源国，外汇储备世界第一，多肥的一只羊啊。所以特朗普政府开启了反全球化和反中模式，退出一些国际组织，要求重新谈判自由贸易协定，要求改革世贸组织，对贸易伙伴加征关税，指责中国抢走了就业机会、占了美国便宜，除了对中国产品加征关税，还对中国高技术企业实施制裁。”

舒心：“用刚才我们学的贸易政策形成的机制，怎么解释美国的政策?”

贝博士：“从刚才我们讨论的贸易政策形成机制看，美国以反全球化和反中为主要特征的政策可以得到很好的解释。美国传统产业工人在全球化中受损，过惯了舒服日子，不愿意向低收入国家流动，与那里的制造业工人竞争过苦日子，而且跨国流动也没那么容易；同时他们缺乏足够的意愿也缺少政府扶持去重新学习新技能、转向新产业。因此，让美国制造业回流，对外国产品加税，把就业机会拿回来，显然是这些工人更喜欢的选择。所以他们支持反全球化的特朗普。

“美国的工会也讨厌全球化，因为全球化让工会在跟企业的谈判中变得不利。如果工会提出更高的条件或以罢工相威胁，企业就会把工厂搬到工会势力弱的其他国家。长期以来，美国工会面临着会员减少、对企业影响力下降的不利局面。所以工会也支持保护政策，希望重振声威。

“制造业集团自然也希望通过保护措施减轻外来产品的竞争。金融利益集团则希望通过贸易战的压力迫使中国扩大市场准入。至于农业利益集团，在中国的反制措施中受损了，有点不高兴，没关系，政府给予补偿，多收了那么多关税，正好用来补偿它们。

“美国联邦政府则被鹰派把持，这些人代表了一部分美国精英的观点，倾向于美国优先，对中国的快速发展抱有浓厚的防范心理和焦虑心态，唯恐中国挑战美国的霸权地位。美国的自由派、保守派和民粹主义者们在面对中国相关的事务上越来越有共识，要求对中国采取强硬的立场。

“过往主要支持与中国保持友好的跨国企业，态度也有变化。一些企业的高管选择在公开场合不站队甚至是表态理解特朗普的关税政策。苹果 CEO 库克、摩根大通 CEO 吉米·戴蒙、特斯拉 CEO 艾隆·马斯克均不同程度公开表达了对特朗普关税行为的理解。华尔街和硅谷均认为中美之间的经济关系需要调整。

“特朗普敏锐地捕捉到国内各集团的利益诉求，提出‘让美国再次伟大’的宣传口号，重振制造业，解决美国人的就业，对中国施压，扩大市场开放，遏制中国高新技术企业发展。这些政策主张让特朗普意料之外又情理之中地当选总统。虽然特朗普没有连任，但拜登会继续这些政策，因为美国国内的民意基础没有变。不过特朗普抛开盟友单干甚至与盟友翻脸的做法可能得不到美国精英阶层的认同。”

中国反击有效吗?

小易:“美国挑起贸易战后,中国在积极寻找谈判解决问题的同时,进行了迅速的反击。那么中国的反击是否有效呢?”

贝博士:“影响贸易制裁有效性的因素主要看相互依赖的程度,还有是否有足够的同盟。出口产品依赖对方市场程度低或对从对方进口的产品依赖低的国家居于有利地位。”

舒心:“美国的制裁清单中,占产品类数70%的927种产品和《中国制造2025》中所列的产业相关,并没有限制对美国消费影响大的一些生活必需品的进口。限制进口的产品占美国进口量的比例很小,且容易找到替代进口来源。中国受到的影响要稍大一些,会影响到中国的产业升级和贸易结构转型。”

小易:“中国的反制清单则主要是农产品和下游产业,另外还包括飞机和汽车。中国由于自身的反制措施,进口下降的主要是面向消费的终端产品和农产品,会对国内的生活成本造成负面影响,也会直接影响国内的物价水平,造成物价上升。对美国而言,中国的反制将导致其飞机、汽车等产业受影响,农民的利益也将受影响。美国农产品对中国市场依赖比较大。由于这三大产品不容易寻找替代的出口市场,美国受到的负面影响会持续一段时间。”

辛乙:“双方都采取了相应措施减少贸易战对本国的影响。中国积极拓展农产品进口来源,减轻限制美国农产品进口对国内生活成本的影响。美国则在积极拓展新的农产品出口市场,同时对受损农民进行补贴。”

丁甲:“美国搞极限施压,对中国的制裁措施在逐步升级。第一回合,美国对中国的制裁,无论对美国自身,还是对中国而言,影响都较小。后面美国又开始加码。第二回合,除了扩大加征关税的范围和幅度,还对芯片、操作系统等中间产品采取断供措施。由于中国企业有相应的技术储备，第二回合仍没有达到美国想要的效果。现在又考虑升级到金融制裁，禁止中国有关高技术企业使用美国金融系统。同时为了提高制裁的有效性，美国向其他国家游说和施压，要求它们与美国一起对中国采取行动。”

贝博士：“由于经济和技术实力还存在差距，中国目前对美国的反制以被动反击为主。但我们还是要坚守底线，在防范风险的基础上扩大开放，坚持多边合作，团结更多的国家抵制单边主义行为。当前全球经济中出现的问题，主要原因在于经济全球化的深入发展与全球治理体系相对滞后的矛盾。像气候变化、贸易纠纷、资本流动和跨国企业监管，还有暴力冲突及跨境移民等，都是覆盖全球的公共议题，但缺乏全球性的高效有力的协商与执行机制，从而引发一系列问题。这一矛盾如果解决不好，负面外部效应会制约全球化的发展上限，各国可能走向自保和偏激，并形成恶性循环。美国优先的逆全球化行为不但解决不了问题，还会引发全球经济的混乱。中国要做多边合作机制的建设者和维护者，推动全球治理体系的完善，推动构建人类命运共同体。”

11

竞争合作 永恒主题万古流

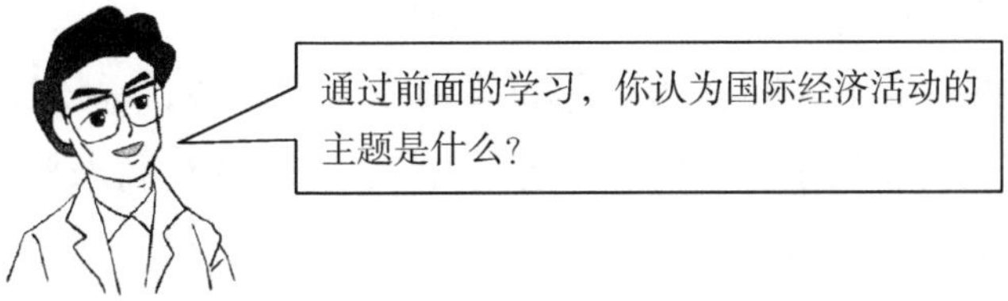

竞争与合作的矛盾统一

贝博士："我们的课程学习要结束了。今天我们来做一个总结。"

小易："这么快就结束了，感觉还不过瘾呢。"

丁甲："终于结束了！"

贝博士："哈哈，大家的感觉很矛盾啊。既有享受学习的意犹未尽，又有学完放松的期盼。这个世界本来就是由很多矛盾组成的，比如国际贸易，竞争与合作这一对矛盾就是它永恒的主题。"

小易："贸易必然需要合作才能实现，通过分工合作，实现双赢，这是亚当·斯密就已经说明的了。同时，又存在对贸易利益的竞争。我的理解对吗？"

贝博士："正确。贸易思想发展的历史就是对这一对矛盾的认识逐步深入的过程。重商主义只看到竞争，只看到国家间对利益的争夺，再加上对财富认识的偏差，认为出口增加财富，进口减少财富，因此主张贸易保护。亚当·斯密针对重商主义的不足，提出贸易是双赢的，从合作的角度论证贸易通过分工促进财富增长，通过满足别人的需要来实现自己的利益，别国的富裕是本国的机遇而不是挑战。这一思想在今天仍有强烈的现实意义。后来李嘉图、赫克歇尔、俄林等经济学家进一步发展了亚当·斯密的这一思想，更深入地分析分工合作的基础与利益。亚当·斯密开创的这一国际贸易思想脉络成为西方贸易思想的主流。"

丁甲："但是国际贸易中不仅仅是合作，还有竞争。"

贝博士："是的，亚当·斯密为了纠正重商主义的错误，矫枉过正，忽略了贸易中的竞争因素，合作能创造财富、提升总的福利水平，但是国家之间对利益的争夺始终存在。合作是能增加财富总量，但是并不意味着合作各方都能从中得到同样的好处，更不意味着合作各方对自己分到的利益一定满意、皆大欢喜。竞争是不能忽视的因素，必然对贸易中各方的行为产生影响。后发国家可能会发现，在国际贸易中自己与发达国家之间的差距越来越大，长期被锁定在全球价值链的低端。因此，汉密尔顿、李斯特等人提出保护幼稚产业理论，主张后发国家通过贸易保护促进本国工业发展，实现价值链的攀升，实际上就是改变自己在国际贸易利益分配中的不利局面。"

小易："还有国内收入分配效应。"

贝博士："国际贸易对一国内部也会产生收入分配效应，国内不同利益团体也存在对贸易利益的竞争。赫克歇尔、俄林、萨缪尔森等经济学家对这一效应进行了分析。为了竞争利益，各方都会积极向政府表达自己的利益诉求，争取对自己有利的政策。而政府在国内收入分配难以有效改善时，寻求把矛盾引向国外，所以就出现了保护就业、保护环境、保护劳工权益、保护国家安全、公平贸易等各类理由来实施贸易保护。"

舒心："由于现实世界中无法实现自由经济理论所假定的商品、要素完全自由流动，所以双赢不一定能实现。"

贝博士："在国际范围内没有一个有效的收入分配调节机制，而市场机制实现的收入分配不一定让各国都满意，所以贸易保护是各国争夺利益的手段，算是一种自我救济。在国际范围内还没有一个权威的机构能够像主权国家的政府那样实施有效的治理，很多国际机构还是大国主导的，权威性不够，所以难以在国家间进行有效的收入再分配，全球化的深入发展让国际范围内的收入分配问题更加严重，引发了很多国家的不满。全球化还削弱了主权国家政府对国内治理的能力。政府如果想通过对企业和富人征税，以此救济穷人、补偿在国际贸易中受损的群体，企业和富人就会迁到其他国家避税，有很多国家以包括税收优惠在内的一系列优惠措施吸引外资，甚至有很多避税港，让企业可以很容易地逃避政府的治理与监管。拥有资本的资本家、拥有技术竞争力的科研人员、具有票房号召力的娱乐大腕儿们，在全世界寻找高收益的项目、低成本的员工、厂房和土地、最赚钱的娱乐市场，他们瓜分了绝大部分因全球化带来的财富。那些缺乏流动性的蓝领工人们却成了牺牲品，企业迁走了，或者倒闭了，留下的是失业的工人，这些地方成了锈迹斑斑的‘铁锈地带’。这就是美国蓝领工人不满的根源。”

小易：“那现在的反全球化运动是合理的喽？”

贝博士：“反全球化的诉求有一定的合理性，但是用错了手段。当前全球化中存在的问题，根本原因在于全球治理体系不完善，无法对全球性问题进行有效治理，是各国合作不足造成的。而反全球化运动采取的措施却是加剧竞争、拒绝合作，这就是南辕北辙了，不但无助于解决问题，还会让问题恶化。正确的做法应该是加强国际合作，把国家间的竞争约束在合理的范围内，建立更有效的全球治理体系，弥补市场机制的不足，实现可持续的发展。”

以竞争促进合作

舒心：“总结起来就是要辩证地看待合作与竞争，不能片面地强调一个忽视另一个。当前是国家间的竞争过头了吗？”

贝博士：“是的，面对全球治理中合作的不足，很多国家采取的是加剧竞争的方式，因为这种方式操作起来更容易，政客们也更方便从中渔利。全球治理体系的完善需要各国政治家和社会精英们承担更多的责任，以巨大的勇气和智慧，克服困难，推动全球合作。从某种意义上说，当前的过度竞争只是一个过渡阶段，竞争最终会促进更高层次的合作。当人们发现反全球化无法真正解决问题、贸易保护反而恶化福利状况时，人们就会反思并寻找正确的解决之道。这就是推动全球治理体系完善的时机。

“所以，面对美国挑起的贸易战，中国的应对之策是，坚持对外开放，促进国际合作，推动全球治理体系完善，构建人类命运共同体。要把这一理念向外宣传，并身体力行，这是中国发展的保障，也是中国应该履行的大国责任。当然，坚持合作并不意味着面对恶性竞争时一味退缩，要坚守底线，对恶性竞争给予坚决反击，让对方认识到，恶性竞争解决不了问题，只有回到合作的正确轨道上，才能真正解决问题。”

舒心：“有一点‘以斗争求和平则和平存’的意思，是吗？”

贝博士：“对，以竞争促合作。自从美国挑起对中国的贸易战以来，美国的贸易赤字不但没有减少，反而有所增加，制造业的失业也在增加。这一事实会让包括美国在内的世界各国认识到贸易战不是解决问题的正确方式，大家会反思正确的方式是什么。”

规则与组织是合作的保障

小易：“但是在斗争中双方实力悬殊，破坏合作的那一方实力比对方强大，是不是就难以通过斗争促进合作？”

贝博士：“这个确实有影响。实力强的那一方通过竞争在短期内会得到好处，容易让它们偏离合作轨道。要保证合作的稳定性，需要规则的约束和国际组织的管理，国际组织运用规则对争端进行裁决，对背叛合作的行为进行惩罚，让成员在规则的基础上开展合作。规则意识和契约精神是市场经济和现代国际秩序的基础。遵守规则、尊重契约使得不同个人、群体和国家可以形成广泛合作，是人类进入文明社会的主要特征。一个以规则为基础的国际合作，远比以实力为基础的合作更让人放心。

“世界贸易组织规则是国际社会多年努力的成果，是国际贸易的基石，是全球贸易健康有序发展的重要支柱。世界贸易组织是管理国际贸易的重要机构，对国际贸易合作做出了重要贡献，虽然还存在需要改进和完善的地方，但其重要作用不可抹杀。可是美国有些人推崇实力为尊，不断退出国际组织，阻挠世贸组织的正常运行，让国际社会重返丛林社会。这根源于美国部分人的不安全感，想用美国目前仍存的超级大国实力压制可能出现的竞争对手，生怕重蹈当年日不落帝国衰落的覆辙。殊不知，世界上没有绝对的安全，以实力为基础的丛林社会只会加剧竞争，产生更多的不安全因素，以规则为基础的社会才能提供更高的安全保障。”

普遍的存在，永恒的主题

舒心：“竞争与合作问题应该是人类社会普遍存在的现象吧？不仅仅在贸易领域，也不仅仅在国际关系中。”

合作与竞争是永恒的主题

贝博士：“也不仅仅存在于人类社会。其实整个生物界都存在合作与竞争的问题。达尔文对物种起源的研究揭示了“生存竞争，物竞天择”的生物进化机制。他主要从生存竞争的角度解释物种的演化。现代演化生物学家通过研究发现，在漫长的地球生物演化史中，能够繁衍生存下来的物种，往往是更能够合作的物种，这种合作包括种内合作和种间合作。就是说，在生物的生存竞争中，善于合作的物种与个体往往具有更大的生存概率。

“人类社会更是如此。没有不同国家、不同社会、不同家族、不同个体的竞争与合作，人类社会不知道会在哪里。但可以肯定的是，竞争与合作有力地推动了人类社会的发展与进步。在竞争与合作中向前发展，是人类社会发展的永恒主题。

“谢谢大家这么长时间以来的陪伴与合作。下面我要看你们的竞争了，谁能在考核中拿第一？”

小易：……

舒心：……

丁甲：……

辛乙：……

参考文献

布阿吉尔贝尔，2011. 布阿吉尔贝尔选集［M］. 伍纯武，梁守锵，译. 北京：商务印书馆：1-122.

陈羽，黄晶磊，谭蓉娟，2014. 逆向外包、价值链租金与欠发达国家产业升级［J］. 产业经济研究（4）：1-12.

大卫·李嘉图，2014. 政治经济学及赋税原理［M］. 郭大力，王亚南，译. 南京：译林出版社：64-77.

大卫·休谟，2017. 休谟经济论文选［M］. 陈玮，译. 北京：商务印书馆：31-77.

道格拉斯·欧文，2019. 贸易的冲突 美国贸易政策 200 年［M］. 余江，刁琳琳，陆殷莉，译. 北京：中信出版社：65-210.

董誉文，徐佳宾，2011. 自然资源禀赋和智利经济“拉美现象”的反思［A］//IITAA. Agricultural and Natural Resources Engineering（ANRE 2011 ABE V3）［C］.［S. l.］：IITAA（智能信息技术应用学会）.

俄林，2008. 区际贸易与国际贸易［M］. 逯宇铎，译. 北京：华夏出版社：49-81.

弗朗索瓦·魁奈，2006. 魁奈《经济表》及著作选［M］. 晏智杰，译. 北京：华夏出版社：177-210，317-342.

格里格·葛兰汀，李春兰，杨柳，2007. 弗里德曼与皮诺切特在智利的新自由主义实验［J］. 国外理论动态（3）：23-27.

龚万达，黄婵，2010. 从“资源诅咒”到“里昂惕夫之谜”：区域人力资源状况与经济发展关系分析［J］. 青岛行政学院学报（4）：26-30.

海闻，等，2003. 国际贸易［M］. 上海：上海人民出版社：362-365.

韩青，高先民，张凯华，2011. 贸易战争500年全球贸易进化史［M］. 成都：四川教育出版社：3-49.

侯敏跃，李沛，2013. 资源经济和“资源诅咒”关系初探：基于俄罗斯和澳大利亚的案例研究［J］. 世界经济研究（11）：80-86，89.

黄河清，1992. 试论China的词源及其他［J］. 现代外语（2）：36-40，72.

金圣荣，2011. 贸易战 全球贸易进化史［M］. 北京：电子工业出版社：2-75.

康江江，张凡，宁越敏，2019. 苹果手机零部件全球价值链的价值分配与中国角色演变［J］. 地理科学进展，38（3）：395-406.

柯胜雨，2018. 丝绸之路千年史 从长安到罗马［M］. 西安：陕西师范大学出版社：25-156，331-393.

科斯，2009. 企业、市场与法律［M］. 盛洪，陈郁，译. 上海：格致出版社：1-57.

克鲁格曼，奥伯斯法尔德，2013. 国际经济学：理论与政策 原书第8版 上［M］. 黄卫平，等译. 北京：中国人民大学出版社：211-212.

李国，2017. 刍议美国公平贸易理念历史发展与政策举措［J］. 改革与开放（22）：33-34.

李辉文，2004. 现代比较优势理论的动态性质：兼评“比较优势陷阱”［J］. 经济评论（1）：42-47.

李明伟，1997. 丝绸之路贸易史［M］. 兰州：甘肃人民出版社：256-298.

李清亮，海闻，2011. 从维护公平贸易到变相贸易保护：世界反倾销的兴起与发展［J］. 国际经济评论（3）：4，66-73.

李希如，2019. 人口总量平稳增长 城镇化水平稳步提高［EB/OL］.（2019-01-23）［2021-04-23］. http：//www. ce. cn/xwzx/gnsz/gdxw/201901/23/t20190123_ 31337743. shtml.

林毅夫，2012. 新结构经济学文集［M］. 上海：上海人民出版社：3-204.

林毅夫，2012. 遵循比较优势发展战略，进行结构持续升级，避免中等收入陷阱［A］//世界银行，北京大学国家发展研究院. 2012年秋季CMRC中国经济观察（总第31期）［C］. 北京：北京大学国家发展研究院：5.

刘安，等，2015. 淮南子［M］. 长沙：岳麓书社：96-107.

刘力，1999. 重新认识公平贸易政策的性质与意义［J］. 国际贸易问题（3）：52-57.

刘振环，2010. 美国贸易政策研究［M］. 北京：法律出版社：89-121.

刘镇清，2000. China和Cathay词源新探［J］. 华侨大学学报（人文社会科学版）（4）：105-114.

陆善勇，叶颖，2019. 中等收入陷阱、比较优势陷阱与综合优势战略［J］. 经济学家（7）：15-22.

罗兰德·拜尼迪克塔，卡特亚·西普曼，吕虹，2013. 智利经济为何有增长无发展［N］. 社会科学报，2013-08-15（007）.

曼昆，1999. 经济学原理 上［M］. 梁小民，译. 上海：生活·读书·新知三联书店：6.

梅俊杰，2012. 论科尔贝及其重商主义实践［J］. 社会科学（12）：135-144.

彭慕兰，史蒂夫·托皮克，2008. 贸易打造的世界［M］. 黄中宪，译. 西安：陕西师范大学出版社：186-188.

任泽平，马图南，罗志恒，2018. 中美贸易战的大辩论：双方观点与客观评价［EB/OL］.（2018-07-12）［2021-04-23］. https：//www. sohu. com/a/240725047_ 313170.

商务部对外投资和经济合作司，2019. 商务部等部门联合发布《2018年度中国对外直接投资统计公报》［EB/OL］.（2019-10-28）

[2021-04-23]. http://fec. mofcom. gov. cn/article/tjsj/tjgb/201910/20191002907954. shtml

沈春苗，2017. 逆向外包对后发国家产业结构、经济增长和收入分配的影响 [J]. 南开经济研究（5）：99-117.

斯蒂格利茨，沃尔什，2013. 经济学 原书第4版 上 [M]. 黄险峰，张帆，译. 北京：中国人民大学出版社：37.

搜狐网，2019. Gartner：2018年Q4全球手机销量为4.084亿部 同比增长0.1% [EB/OL]. (2019-02-25) [2021-04-23]. https://www. sohu. com/a/297499511_ 257861? sec=wd.

搜狐网，2019. 苹果手机历年销量一览：iPhone 6史上最畅销 [EB/OL]. (2019-01-07) [2021-04-23]. https://www. sohu. com/a/287187264_ 646944.

托马斯·孟，2017. 英国得自对外贸易的财富 [M]. 北京：商务印书馆：5-48.

威廉·伯恩斯坦，2010. 茶叶·石油·WTO：贸易改变世界 [M]. 海口：海南出版社：20-320.

徐崇利，2019. 真伪之辨：现行国际贸易体系对美国"不公平"? [J]. 国际经济法学刊（1）：34-46.

许慎，2018. 说文解字 [M]. 崇贤书院，整理. 北京：北京联合出版公司：607，910.

亚当·斯密，2018. 道德情操论 [M]. 罗卫东，张正萍，译. 杭州：浙江大学出版社：37-272.

亚当·斯密，2009. 国富论（上）[M]. 王亚南，译. 上海：上海三联书店：3-17.

亚当·斯密，2009. 国富论（下）[M]. 王亚南，译. 上海：上海三联书店：3-214.

晏智杰，1990. W. S. 究竟是谁?：关于1581年《论英王国公共财富》作者的阅读札记 [J]. 经济科学（3）：75-80.

杨鹏飞，施昌书，2009. 美国工会：贸易保护的幕后推手［J］. 社会科学文摘（12）：59-61.

伊丽莎白·拉蒙德，2017. 论英国本土的公共福利［M］. 北京：商务印书馆：29-147.

易可情，1999. 也谈“China”的词源［J］. 文史杂志（1）：79.

约翰·梅纳德·凯恩斯，2017. 就业、利息和货币通论［M］. 辛怡，译. 北京：中国华侨出版社：20-30.

岳川，1994. 法国的重商主义经济政策［J］. 文科教学（2）：61-68.

张亚斌，刘天琦，2016. 逆向外包：理论源起、前沿进展与全球化战略路径创新［J］. 经济与管理研究，37（12）：123-130.

郑彭年，2016. 丝绸之路全史［M］. 天津：天津人民出版社：13-171.

中华人民共和国国务院新闻办公室，2018. 关于中美经贸摩擦的事实与中方立场［EB/OL］.（2018-09-24）［2021-04-23］. http：//www. gov. cn/xinwen/2018-09/24/content_ 5324957. htm#1.

中华人民共和国国务院新闻办公室，2019. 关于中美经贸磋商的中方立场（2019-06-02）［2021-04-23］. http：//www. xinhuanet. com/world/2019-06/02/c_ 1124573295. htm.

钟青，2011. 美国贸易政策制定 机构与人物［M］. 北京：中国社会科学出版社：3-63.